请你来嗑"油瓜子"

会员营销裂变与聚变

周德军 编著

石油工业出版社

图书在版编目（CIP）数据

请你来嗑"油瓜子"：会员营销裂变与聚变 / 周德军编著. -- 北京：石油工业出版社，2023.12

ISBN 978-7-5183-6343-8

Ⅰ.①请… Ⅱ.①周… Ⅲ.①数字化—应用—石油销售企业—企业管理—研究—中国 Ⅳ.①F426.22-39

中国国家版本馆CIP数据核字(2023)第177783号

请你来嗑"油瓜子"：会员营销裂变与聚变
周德军　编著

出版发行：石油工业出版社
　　　　　（北京安定门外安华里2区1号100011）
网　　　址：www.petropub.com
编 辑 部：（010）64523609
图书营销中心：（010）64523633
经　　　销：全国新华书店
印　　　刷：北京中石油彩色印刷有限责任公司

2023年12月第 1 版　2023年12月第 1 次印刷
710×1000毫米　开本：1/16　印张：17
字数：200千字

定价：88.00元
（如出现印装质量问题，我社图书营销中心负责调换）
版权所有，翻印必究

序 言

自 2015 年国家放开原油配额以来,地方炼油厂（简称地炼）发展迅速,传统的成品油行业由卖方市场转为买方市场,产品由供不应求变为供大于求,市场的充分竞争逐步演绎成对客户的激烈争夺,谁拥有了更多的客户,谁就掌握了市场竞争的主动权。

在这个以云计算、5G 技术、人工智能（AI）为主题的时代,我们进入到一个新的技术奇点,数字化转型的成败与快慢,决定了中国石油成品油销售企业能否继续保持竞争优势。只有秉持"客户至上"的理念,建立科学的会员管理体系,提升对客户的精准服务能力,才能更好地引来客户、服务客户、留住客户。中国石油河北销售分公司（以下简称河北销售）抓住销售企业首家数字化转型、智能化发展试点单位的契机,探索、构建了全员、全域、全渠道"油瓜子"数字化会员服务体系,以其为中心建立并逐步完善会员积分体系、成长体系、权益体系,搭建起一整套的产品、服务、文化产业链条。采取电子卡（券）、"油瓜子"、会员权益等智能营销手段,依托消费返利、智能派券、权益互动整合精准营销,有效解决长期以来"了解客户不系统、营销策略不精准、服务客户不到位、客户黏性不够强"等痛点和难点问题，会员体系引导客户、黏住客户的重要作用逐步显现。随着大数据转型工作的不断深入，大家充分认识到，大数据才是唯一颠覆传统销售行业、掌握市场主动权的终极力量。河北销售数字化转型的试水虽然才刚刚开始，但她就像是探索成品油新零售、新经营模式透射出的一束光，照亮了这个行业的美好前景。

笔者是在石油行业深耕多年的媒体人、销售人，也是销售企业大数据转型试点工作的探索者、具体实践的带头人。本书总结提炼"油瓜子"理念及会员体系运行的初步成果，对未来成品油销售行业发展极具前瞻性和指导意义。希望本书的出版能给大家带来启迪和思考，进而推动销售企业大数据转型工作的快速发展。

销售企业的发展离不开客户，中国石油广大客户鞭策我们"因客而变"，顺势而为。数字化经营模式的逐步成熟和完善，必将使中国石油的会员体系建设朝着更加智能化的方向发展，建立起更加广泛的生态联盟，聚焦优势场景，培养和强化用户习惯，打造更加完善的"人·车·生活"生态圈；必将推动销售企业在激烈的市场竞争中凤凰涅槃、浴火重生，拥抱更加美好的未来。

2023.4.6

油瓜子的诞生

相传，很久以前，有一位主宰世界的王，掌管着世间万物。起初，世界上多方势力，纷争不断，民不聊生。王为了平息战乱，便创造了一位名叫亚的卫士，亚力大无穷、战无不胜，很快就带领部队征服了世界，从此世间再无战争，人们的生活终于安定了下来。后来，为了让世界恢复往日的生机，王又创造了一个美丽的精灵，名叫瑶。瑶掌管着世间万物生长，她的出现，使得万物复苏，树木葱郁，花草芳香，鸟兽成群，人类生儿育女，富足安康。人们就在这样幸福的生活中度过了千万年。直到某一天，一颗小行星突然从天而降，火光划过天空，整个世界瞬间如同白昼，巨大的能量带走了天上的云和星星，灼烧了地上无尽的生灵。小行星急速撞击在地球上，伴随一声巨响，天崩地裂，灰尘遮天蔽日，自此天地不分，万事万物沉入无尽的黑暗之中，王与亚、瑶也失去了踪影……就这样，世界仿佛回到了初始一般，在漆黑一片中度过了亿万年。

直到一日，沉寂在混沌之中的王突然苏醒，他不知道自己身在何处，整个世间除了他，再无生物。王为了看清到底发生了什么，他一手举起了天，一手撑出了地，用尽浑身力量，将眼前的黑暗撕开，一丝光亮出现，耀眼的光芒照亮了整个世界，天和地终于再次被分开。此时此刻，王终于明白，自己掌管的世界已经经历了一场巨大的磨难，于是王开始寻找亚和瑶，希望在他们的辅佐下，创造出一个新的世界。

终于在某一天，亚和瑶的灵魂听到了王的呼唤，从时空中穿行来到王的身边。亚和瑶告诉王，在亿万年间，他们经历了地下无尽的黑暗与高温，他们的身体与万物生灵凝结在一起，变成了黑色的能量流动在地球深处。经过漫长的岁月，他们的身体早已与这些能量融为一体，无法陪伴在王的左右，于是亚和瑶的灵魂只好化身成一颗金瓜子和一颗银瓜子，金瓜子能给王带去力量，银瓜子能给世间带来生机。王听到这些，将金瓜子和银瓜子轻轻捧在手心，并告诉他们：你们都是我创造出来的孩子，我爱你们，但现在世间需要你们。说罢，王举起双手，左手捧起金瓜子，右手捧起银瓜子，将他们轻柔地放在一起，就这样，亚和瑶的化身融合成了一颗油瓜子。

油瓜子如琥珀一样晶莹剔透，小小的身躯拥有着巨大的能量。相传，油瓜子可以变成一粒一粒种子，滋养万物，促进时空的共融共生，为世间的一切提供取之不尽用之不竭的能量，护佑着一切。终于有一天，世界发展成为王心中最美的样子，不仅万物和谐共存，人类更是创造出属于自己的文明……

目 录

第 1 章 会员体系的前世今生

会员体系从 1.0 到 3.0 ……………………………………… 002

会员体系蓬勃发展的时代动力："互联网 +" 与消费升级 …… 007

传统企业的会员体系转型升级 …………………………… 010

第 2 章 我们为什么需要会员体系

流量红利殆尽，存量时代到来 …………………………… 014

疫情之下，会员是企业的命脉 …………………………… 015

构建会员体系，抓住客户的心 …………………………… 017

拓展引流渠道，抓住客户的眼神　　　　　　　　　　025

延伸思考：付费会员与非付费会员　　　　　　　　　028

第3章 完全市场化背景下成品油销售行业如何破局

什么是完全市场化　　　　　　　　　　　　　　　　034

深挖痛点，因何抱着"金饭碗"过着"乞丐"的日子　　038

行业突围与营销破局　　　　　　　　　　　　　　　045

探索与实践——河北销售会员体系新路径　　　　　　047

第4章 "油瓜子"的孕育与成长

与客户谈一场"全"心"全"意的恋爱　　　　　　　052

给客户最好的祝福："油瓜子"名称的由来　　　　　056

会员裂变："油瓜子"的系统功能　　　　　　　　　057

系统创新：全会员体系的技术路径　　　　　　　　　060

"油瓜子"的上线发布策划　　　　　　　　　　　　062

第5章 积分，撬动会员流量价值

无处不在的积分营销　　072

什么是积分，如何玩转积分　　073

积分商城，让积分流动起来　　078

"油瓜子"积分商城怎样运作　　087

第6章 成长值——实现会员价值成长

什么是成长值，如何搭建成长值　　092

中国石油的积分体系及会员成长体系　　095

河北销售会员体系成长值设置　　096

河北销售会员权益　　097

第7章 用户全生命周期的数字化生态系统

什么是用户生命周期　　106

怎样做好用户生命周期管理	107
如何搭建用户生命周期模型	111
如何围绕用户生命周期，提升单体用户价值	114
如何做好用户流失预警机制，延长用户生命周期	118
河北销售用户全生命周期管理	128

第8章 "千人千策"精准用户画像

用户画像是什么	134
用户画像怎么构建	134
用户画像的内容有哪些	135
用户画像能干什么	137
河北销售如何让"千人千策"变成现实	138

第9章 如何实现会员体系跨界合作"1+1>2"

如何按下跨界合作"加速键"	144

会员体系跨界合作怎样"抱团取暖"   145

油 + 车企：一场跨越千里的邂逅   148

油 + 制造企业：患难相助结"联姻"   152

油 + 政府：以公益之名，践行企业社会责任   154

油 + 通信行业：与流量巨头的相互引流   166

油 + 银行保险：与"多金"的朋友共同合作   169

油 + 餐饮："加油吃鸡"新体验   174

"油 + 住"：为新居加油的奇妙结合   179

以卡为媒，探索销售新思路   180

第 10 章

聚沙成塔，让会员营销产生聚变效应

社群营销：为客户搭建一个交流的"家"   190

直播营销：整合供应链，为客户谋福利   195

精准营销：差异化"套餐" + 客户需求   203

热点营销：在与客户产生共鸣之处寻找契合点   209

冰点营销：在对手不经意中寻找切入点   213

痒点营销：点燃客户的潜在欲望   217

痛点营销：尽一切可能满足客户的迫切需要   220

第 11 章
会员体系的新舞台、新方向

会员体系的新舞台：新零售	224
怎样做好新零售	226
打造团队，为转型升级提供人才保障	231
会员体系的新方向：构建全生态服务体系	236
全生态服务体系案例一：136 站的"网红营销"	240
全生态服务体系案例二：一体化服务的故事	245
全生态服务体系案例三：3.0 智慧绽放雄安	248

后 记

第 1 章

会员体系的前世今生

会员体系、会员卡的应用在当下社会已经成为企业营销的普遍做法，无论是传统实体店还是各类电商，都通过会员体系来留存客户、激活购买、促进复购。那么会员体系是从何而来，又经过了怎样的发展呢？

会员体系从1.0到3.0

会员体系1.0：一种等级制度

传统意义的会员制起源于17世纪的欧洲，封建贵族为了将自身与平民区分开，组织了各种类型的封闭式俱乐部，即会员俱乐部，也称为贵宾俱乐部或VIP俱乐部。

会员体系2.0：从一枚铜币说起

18世纪后期，会员这一概念被引入消费场景。当时，美国的小型零售店会给顾客一种铜制硬币作为奖励，顾客可以在未来的消费中使用铜币兑换商品。

后来，这种留存客户的手段逐渐流行起来，奠定了会员体系的基础。

到了19世纪末期，越来越多的零售商发现铜币的成本高，于是顺应货币变迁的规律，会员制发生了"由铜币到

第 1 章 会员体系的前世今生

票据"的进化。

上图称作"绿盾票",消费者可以在特定的零售商购买这种票,然后兑换成商品目录中的商品,也就是早期的"目录营销"。

20世纪初,现代版的会员体系开始流行。零售商和品牌商逐渐推出了自己的会员计划,"盒盖"(一种印在产品包装上的兑换券)成为一个知名的玩法。

20世纪80年代,随着市场经济的不断推进和多元消费文化的发展,会员制慢慢走向社会的各个阶层。由于一站式购物的普及与经济滞胀,消费者偏向价格敏感,付费会员制在美国被广泛应用于会员制仓储超市,代表企业有开市客(Costco)、山姆会员商店等。

同样在80年代,"常旅客计划"出现,航空、酒店等行业向经常使用其产品的客户推出按里程或积分累计的奖励计划,成为现代社会中第一个全面的会员计划,被认为是成功的市场创新活动。

会员体系3.0：最流行的消费者关系模式

20世纪90年代以来，伴随着直销模式和互联网的出现，会员制受到网络平台的青睐。

1996年7月，亚马逊公司发起了"联合"行动，即一个网站注册为亚马逊的会员后，在自己的网站放置各类产品或标志广告的链接以及亚马逊提供的商品搜索功能，当该网站的访问者点击这些链接进入亚马逊网站并且购买商品后，亚马逊会根据销售额付给这些网站一定比例的佣金。

亚马逊的巨大成功，使会员制得到了空前的发展和广泛的传播。1996年8月，沃尔玛在中国的第一家超市——深圳山姆会员店开业，外资零售巨头将会员制度带入了中国。如今，山姆会员店已经成为中国市场拥有会员用户量最多的零售体之一，同时也是中国市场付费会员制的首创者。

1998年起，万科、金色世纪商旅服务公司、携程网等国内企业尝试发展会员制度，推动了会员体系的持续发展。

进入21世纪，在"互联网+"和消费升级的背景下，数字经济、平台经济催生了更为多元的会员体系。阿里巴巴、京东等企业不断推出内容更为丰富、更能满足用户个性化需求的会员体系，会员经济热潮兴起。

第 1 章　会员体系的前世今生

2018年的最后一天，吴晓波在题为《预见2019》的演讲中预测"2019年，会员制会成为最流行的消费者关系模式"。到了今天，放眼望去，会员经济的确已经遍地开花。

会员营销是企业通过发展会员与提供差异化的服务和特权来吸引新客户，并将消费者转化为长期稳定的客源，其本质上是向消费者让渡一部分利益，并迎合其心理，薄利多销，建立、扩大和稳定市场。

会员制是企业向消费者提供的利益让渡形式和内容所形成的一个固定、合理的特权服务体系；资格限制则是设置门槛，要求消费者达到一定的限制条件才能成为会员；自愿性是指消费者成为会员是出于个人意愿，并非他人逼迫；合约性是指消费者成为会员，形成与企业的会员关系是建立在合约的基础上；目的性是指消费者加入企业会员制中，是出于两者之间的一致目的；结构性关系是指企业和会员之间形成的一种相互支持的结构关系，除了消费交易关系外，还包括情感上的联系。

会员营销的主要优势有：培养忠实客户，建立稳定的消费市场，提升市场竞争力；用优惠和特权吸引更多新客户的加入；促进企业与客户之间的交互，建立更加牢固的关系。

成功的会员营销的关键在于：

设计合适的会员体系。首先要确定会员营销对于品牌传播和产品促销的价值，再根据自身的性质和定位，设计符合企业发展战略和经营模式的会员体系。一般来说，企业的销售模式主要有线上和线下两种，适用于这两种经营模式的会员体系之间存在着一定的不同。企业阶段性发展战略中的营销目的也各不相同，是更倾向于传播品牌、开拓新市场，还是侧重于留住老顾客、建立稳定长期的市场，在会员体系的设计中都应该考虑到，根据目的做出相应的服务和利益分配。

研究调查目标市场和人群，借助先进技术进行分析，推出智能化服务。当下的营销模式普遍存在更加精细化的趋势，精准营销、超级客户等相关概念更加深入人心，要进行精细化的营销，必须要对目标市场进行调研、细分和全面分析，了解不同圈层中的消费者普遍的特点和需求。可以借助大数据、云服务等互联网技术对市场和消费者进行数据的整合和分析，并在此基础上推出更多具有针对性的个性智能服务，在提供更加方便贴心的服务的同时，满足和培养客户更多的消费需求。

结合线上与线下渠道，借助多种方式进行推广和传播，吸引更多消费者。企业可以综合线上和线下渠道来建立会员体系，提供立体全面的服务。在借助会员特权和优惠服务来吸引、留住客户的同时，还需要考虑会员制的推广和宣传，只有让大众了解会员制的存在和利益点，才会有需要服务的客户对其产生兴趣。无论是会员制还是品牌本身的推广，企业都需要运用宣传手段来达成，在这一过程中，往往可以借助其他营销方式与会员营销进行整合传播。

重视品牌与客户之间的交流互动，建立更多的情感联系，巩固已有的市场。 会员制不仅要用特权和优惠满足客户购物的需求，还需要注重客户的社交需要和情感需求，服务做到个性化和人性化的同时，还应该加强品牌与客户、客户与客户之间的沟通交流，打造友好的社交和内容社区，令会员对品牌和平台产生更多信任和依赖，从而巩固已有的客源，维持稳定的市场。

会员体系蓬勃发展的时代动力："互联网+"与消费升级

移动互联网打破了交易边界，重塑了购物模式，为会员体系发展奠定了流量基础。 回眸第一次工业革命以来人类社会的发展历史，每一次技术革命、每一次科技创新，都会给人们的生活方式和消费习惯带来深刻的变革。电气时代，冰箱、洗衣机、电视走进千万家庭，改善人们的生活质量；PC互联网时代，个人计算机走进家庭，信息从此打破时空限制；移动互联网时代，手机成为必备的智能终端，让人们"一机在手，读遍天下"。如今，随着大数据、云计算、5G、AI等技术的融合发展，万物互联、万物智能已不再是梦想，科技之光将再次惠及人们的生活。

随着移动互联网的发展，中国手机网民规模持续稳定增长。截至2022年12月，中国手机网民规模高达10.65亿人，占全国总体网民规模99.8%，手机上网成为网民的生活常态。移动互联网打破了线上与线下的边界，人们有更多的机会接触到商家的私域，也为商家提供了广阔的营销平台。

移动互联网正在改变用户的消费观，重塑购物模式。只要有屏幕和网络的地方，都可以达成商品交易。中国互联网络信息中心（CNNIC）数据显示，截至2022年12月，我国网络购物用户规模达8.45亿，较2021年底增长319万，占网民整体的79.2%。2016—2022年网上零售额呈现上升趋势，2022年网上零售额占社会销售品零售总额的比重为27.2%。

消费升级促进了需求多元化，丰富了会员体系的模式和玩法。消费升级一般是指各类消费支出在消费总支出中的结构升级和层次提高，直接反映了消费水平和发展趋势。

消费体制升级是中国经济平稳运行的"顶梁柱"、高质量发展的"助推器",更是满足人民美好生活需要的直接体现。

经济社会的跨越式发展、国家生产力水平的提升从根本上推动了消费升级。改革开放以来,中国的生产力实现突破,全国居民人均可支配收入不断提高,消费者有了提升消费层次的经济基础;伴随着计划经济向市场经济的转变,商品供应体系逐步完善,从供不应求走向供需平衡;居民的需求层次也不断提升。

政策引领、技术突破加速新兴产业广泛布局并迅速提高其成熟度,从而推动消费升级迈向更高阶段。顺应生产力的变迁,国家适时调整政策导向,优化资源配置,实现人民的美好生活愿景;技术进步和基础设施的完善在提升综合国力、提高居民生活水平的同时也加速新兴产业的发展和成熟,新兴产业的广泛布局再次推动消费升级迈向更高阶段。

伴随着消费升级,用户结构开始层级化,他们对品质的要求越来越高,标准化的服务已经无法满足他们的消费诉求。社会消费从满足刚需转向注重生活感受,同时个人偏好领域的消费在不断升级。现代消费者无不体现着消费升级后的两面性:渴望彰显个性,但又寻找小圈子"抱团取暖";对财富追求不再焦虑,但又时刻在意别人对自己服饰品位的评价；渴望安静地享受个人生活，但又在朋友圈留下生活点滴希望获得认同。即使是功能性需求的品类也在向注重感受、品味消费及关注产品社交功能拓展，在此推动下，市场不断细分，而会员模式个性化、定制化、生态化的特点，为消费者提供了更加多元的选择。

传统企业的会员体系转型升级

移动互联网的快速发展为企业带来了流量红利和用户的多元化需求，品牌与用户的触点日趋丰富；电商、移动、实体店等渠道多元化，为消费者带来随时随地购物的便利性。多数传统企业也在努力融合移动互联网，千方百计引流扩流，寻找网络入口，以创建产品展示与买卖的各种新渠道。许多大型企业结合自身业务推出 APP 与微信小程序为客户提供增值服务，实施移动互联网策略推进企业转型升级。

中国石油的"中油好客 e 站"线上会员平台于 2015 年上线，具备卡充值、账户查询、积分兑换、微信支付、移动支付等功能；国家电网的掌上电力 APP，支持支付购电、用电查询、在线客服、网点导航、停电公告等功能；招商银行的招商银行、掌上生活两个 APP，分别面向银行业务服务和信用卡服务，覆盖金融、消费、生活三大领域。

以美妆集合店品牌屈臣氏为例，在其年轻化的探索过程中，屈臣氏主动融入网络流行语境，利用小程序及公众号相互打通，串联起线下门店服务与线上商城，为用户提供更多互动体验的同时，形成微信内生态闭环，消费者可基于需要灵活切换场景。

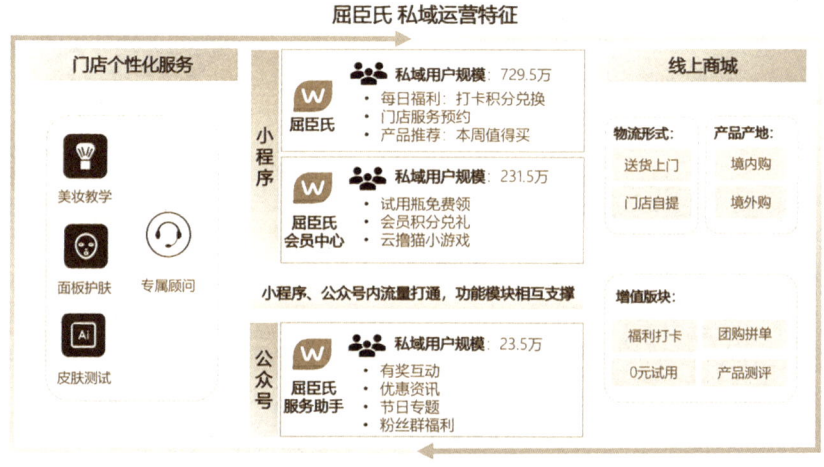

屈臣氏 私域运营特征

门店个性化服务
- 美妆教学
- 面板护肤
- 皮肤测试
- 专属顾问

小程序
- 屈臣氏：私域用户规模 729.5万
  - 每日福利：打卡积分兑换
  - 门店服务预约
  - 产品推荐：本周值得买
- 屈臣氏会员中心：私域用户规模 231.5万
  - 试用瓶免费领
  - 会员积分兑礼
  - 云撸猫小游戏

小程序、公众号内流量打通，功能模块相互支撑

公众号
- 屈臣氏服务助手：私域用户规模 23.5万
  - 有奖互动
  - 优惠资讯
  - 节日专题
  - 粉丝群福利

线上商城
- 物流形式：送货上门、门店自提
- 产品产地：境内购、境外购
- 增值版块：福利打卡、0元试用、团购拼单、产品测评

注：账号私域用户规模为2022年3月该账号在某平台的活跃用户规模。

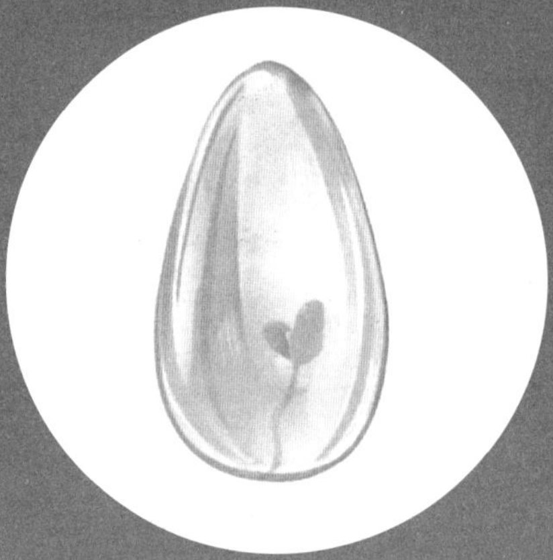

第 2 章

我们为什么需要会员体系

会员体系可以更好地对客户进行分类，实现标签化管理；可以洞察消费者行为偏好，进而实现精准营销；可以整合企业线上线下多种渠道资源，提升销售能力和服务能力。会员是企业流量的终点和裂变点，通过会员忠诚度建设和运营，企业可以不断对会员进行分层、培育，让消费者反向为品牌赋能，成为优质的品牌传播者和价值共创者。

流量红利殆尽，存量时代到来

2021年是互联网的分水岭，流量红利吸引供给方大量涌入，市场由蓝海变为红海，竞争日趋激烈。

根据艾瑞咨询、华为开发者联盟和有米云联合发布的《2022年移动应用运营增长洞察白皮书》，移动互联网呈现流量红利不再、用户规模增速减缓、获客成本增加的趋势。

2020年以来，移动应用用户增长速度下滑，新用户增量变少，存量代替增量市场，存量转化竞争显得尤为重要。"降本增效"成为互联网企业2020年和2021年的主题，如何精细化运营、给用户提供更好的服务成为重中之重。

在整体用户规模增长趋缓的背景下，移动应用获量竞争日益激烈，40.8%的开发者认为投入产出比相对去年同期呈下降趋势，51.5%的开发者认为与去年同期相比应用产品的获客成本单价有所上升。从行业整体来看，即使是头部互联网公司，随着互联网总体流量的收窄，获客难度增大，近年来新增活跃用户对应的当期营销费用也呈现明显的增长态势。

综合来看，当流量增量遇到瓶颈时，必须要重视存量。一方面僧多粥少，获取增量市场的成本越来越高，企业与其付出巨大代价获取新客，不如优化存量效率，提升现有的利润空间。另一方面，消费者选择增多，用户忠诚度降低，如果不提供差异化的服务，存量用户很难留存。因此，企业必然会更加关注存量用户，尤其是高价值用户。会员经济成为企业在存量时代必然选择的商业模式。

围绕用户的喜好和诉求，企业不仅会不断提升产品体验，更会差异化地提供服务迎合用户。会员体系显性地区分了用户，让企业能够更好地进行甄别，并有针对性地提供增值服务，最大化用户价值，让企业的增长更有效率。企业目光从短期价值向长期价值转变，更加关注用户长期的生命周期价值。利用对会员的管理，既提升了用户忠诚度，也延长了用户的生命周期，让企业收入源源不断增长。

疫情之下，会员是企业的命脉

疫情之下，与突然慢下来的节奏相对的，是愈发焦虑的零售门店老板们；与企业经营成本同时增加的，是不断增加的业绩压力。

有的人被暂停，有的人却在加速。越来越多的企业意识到优化销售渠道和私域运营体系的重要性。一些侧重线下渠道的企业，开始通过入驻电商平台、直播等多种新销售模式，积极弥补线上销售渠道的不足。除了通过开发线上公域渠道引流，企业也将视线转移到对存量客户的不断转化、提升客户整体价值上。私域成为疫情之下企业能够直接接触并且反复触达的流量，企业私域运营的能力，甚至会成为未来竞争的分水岭，不仅关乎企业营收，更关乎企业生死。

会员体系是企业私域运营的最佳选择。首先，会员是企业流量的终点。会员体系可以整合企业线上线下多种营销渠道，企业可以发起更加精准、更具爆点的营销活动；可以更好地对客户分类，实现企业针对不同群体开展精准营销的目的；还可以洞察消费者行为偏好，赋能销售，更好地提升销售能力和服务能力。其次，会员是流量的裂变点。企业可以通过会员体系把流量做得更广，把客户价值做得更深。最后，会员是企业品牌的锚点。一流企业做标准，二流企业做品牌，三流企业做产品。一般企业很难达到制定行业标准的水平，但可以把品牌做得更好。通过会员忠诚度建设和会员运营，企业可以不断对会员分层、培育，让消费者反向为品牌赋能，成为优质的品牌传播者和价值共创者。

构建会员体系，抓住客户的心

会员体系的本质是对用户的区分、筛选和运营。构建好的会员体系，能够抓住客户的心，实现企业与用户的双赢。

根据企业自身实际，选择合适的会员分类是企业面临的首要问题。目前，会员体系主要有三种分类方式：按照是否需要付费分为免费会员和付费会员；按照是否有成长体系分为等级会员和无差别会员；按照是否有多个会员产品分为单一会员和多元会员（单一会员是指整个产品只有一个会员体系，多元会员是指整个产品包含多个会员体系）。

需要注意的是，会员类别没有好坏之分，不同的行业、不同的企业、不同的产品都可以从不同角度组合会员类型，形成符合自身实际又兼具特色的会员体系。例如：京东的会员体系是多元会员，包含京东会员和京东 Plus 会员，其中京东会员属于免费会员和等级会员，京东 Plus 会员属于付费会员和无差别会员。

选择合适的会员分类后，还要构建合适的会员体系框架。构建会员体系通常包括四大要素，即：会员信息、会员成长值、会员等级和会员权益。

会员信息是会员体系的基础，为企业实现用户画像、实施精准营销提供数据支撑，主要包含用户基础的属性信息、交易信息、其他行为信息等。

会员成长值是企业对用户行为的价值量化，不同企业可以对企业会员的行为价值赋值。成长值是会员等级划分的标准，具有正向激励、引导会员行为的作用。

会员等级是企业根据用户行为和价值对会员的分层。会员等级往往遵循进阶先易后难、权益先小后大的原则。通过会员等级的设计和会员权益，企业可以引导会员向更高级别进阶，起到提升客户黏性的作用。

常用的会员等级模型一般采用四层金字塔模型：VIP—高级会员—普通会员—注册会员，主要划分依据为用户贡献度、忠诚度等。

注册会员——最低门槛，注册即成为会员，企业可以在多个方面记录会员个性化数据，以便将来可以进行有针对性的促销。

普通会员——新注册会员在消费、充值后提高会员级别。注册会员发生交易或下单、评价、分享等行为时，晋升为普通会员，交易额、交易频率、活跃状况较为一般。会员等级越高，享受的福利和服务越多，差异化的服务可以刺激会员消费。

高级会员——潜在客户资源储备力量，也是需重点关注转化的群体，对企业持续创造价值和形象传播起着极为重要的作用。

会员权益是企业为会员提供的差异化权利和利益，既是用户的收益也是企业的成本。会员权益的选择要紧抓用户的核心诉求，一个好的会员权益能够成为用户不断积累成长值的内驱动力，让更多普通用户过渡到会员用户，让会员用户投入更多的时间和精力，提升忠诚度。

构建好的会员体系能够让企业实现激发活跃、提升留存、刺激转化的目的，调节用户的生命周期。吸引更多的新客户，让更多的新客户转化为忠诚客户，提升忠诚客户的价值，减少休眠和流失客户，这也是会员体系对于企业运营的实际意义。

从一些经典案例中，我们可以看到会员营销的多种具体形式和实际应用。

案例一　会员数破亿的海底捞是如何做用户运营的

基于优质的线下服务，海底捞逐步向线上延伸。外卖＋会员私域＋直播＋社区＋线上商城是海底捞逐步迭代的线上服务延伸，从服务路径上我们不难看出，无论是服务手段，还是消费场景，都更加匹配当代年轻人的消费心理。

用户通过线上线下的消费行为积攒成长值，获得不同等级的会员身份，不同会员身份享受差异性的权益。海底捞形成了会员体系升级、用户成长、权益匹配等组合形式的会员运营体系。

对于海底捞而言，线下用户通过门店消费导流到线上，线上流量池不断扩大，用户的留存和黏性是海底捞当下需要直面的问题。线上转化率提升，如果留存率不能跟随提升，非但不能提升用户生命周期价值，反而会增加用户流失的可能性。海底捞给出的解决方案是，以社区圈子+UGC内容+有奖话题+IP活动联动的组合形式来提升线上用户的留存率。

从用户生命周期的角度来看，当用户足够多且线上搭建也已完成，下一步应该增加付费点，提升用户消费复购率。海底捞的做法是采用付费权益。付费权益也是常见的会员运营策略，用户通过付费解锁相关的服务权益。

组合权益是有效的拉新和促活的手段。其成本是可控的。从拉新的成本结构角度来看，单个常规的电商类、音视频类APP的人均获客成本接近100元，精准的画像用户人均获客成本可能会更高，这个成本已经远远超过了组合权益内的成本。

会员的消费力是具备黏性的，一旦用户习惯了会员服务后，会形成消费充值依赖。特别是音视频、读书、打车这类高频平台，正好可以弥补海底捞低频欠活跃平台的短板。整体而言，嗨捞卡的设置对于自身平台的促活和三方平台的拉新，以及用户的高性价比体验，是一场三方受益的合作。

顾客需求的变化，决定了企业战略的变化。线下的极致服务+线上的数字化服务，两者闭环才能更好地吸引用户。正如海底捞的生态，用户在线下门店消费形成良好的口碑，引导到线上参与活动，打卡形成优质的付费会员，最终形成消费转化，产生更高价值的消费复购。

案例二　Costco仓储会员超市

Costco（中文名"开市客"）是美国最大的连锁会员制仓储量贩超市。截至2022年，Costco在全球12个地区拥有830余家分店，年销售额超2260亿美元，会员数量高达9600万，是全美第二大零售商，有着"零售之神"的业界称号。

中国大陆第一家Costco门店于2019年正式落户上海时，因卖场人流过于密集，开业仅五小时就被迫暂停营业。而第二天采取的每天进场2000名的限流措施，又让不少人凌晨四点多就去排队。

Costco 仓储会员超市与众不同的商业模式为：

摒弃传统广告营销，只做会员优惠。Costco 成功的关键之一，是除了向潜在会员发送邮件以及向现有会员发送优惠券外，该公司在广告上几乎没有其他花费，这每年帮助 Costco 节约大约 2% 的成本，使得 Costco 可以将这笔资金用于产品的大幅降价，在不支付昂贵广告费的情况下吸引和发展更多的新会员。

降低成本，用低价格扩大会员规模。相比沃尔玛大约 10 万个的 SKU（最小存货单位），Costco 采用超低的 SKU 策略，仅提供约 4000 个活跃 SKU，且只选择它认为有"爆款"潜质的优质商品上架。虽然品类少，却都是经过 Costco 精挑细选的商品，包装大、分量足，因此反而能够帮助消费者快速做出购买决策。这样就加速了每一个商品的出货过程，节省了商品预定、追踪和展示的成本，降低了平均库存成本。数据显示，Costco 的商品平均库存周期只有 31 天，低于沃尔玛的 42 天和塔吉特的 58 天。而库存周期的压缩，带来了资金运转效率的提升，同时让经营成本也有一定程度的下降。此外，少而精的 SKU 保证了单一 SKU 的销售量和进货量，这使得 Costco 在与供应商进行谈判时具有出色的议价能力，能够获得较低的进货价，甚至能够买断部分商品。而高性价比的商品又维持了高会员满意度，进一步有助于会员规模的壮大。

大包装销售的规模效应。因为商品数量较少，Costco 大都是大包装量贩式。6 公升装的葡萄酒、10 公斤装的巧克力、5 公斤一袋的薯片……以分量足的大包装带来销售的规模效应，类似于批发。而在大分量的背后，是极低的成本，包装越大，生产成本越低，价格越便宜。同时，比起传统百货店那些漂亮的货架，和传统超市中需要将商品从箱子中取出并陈列的过程，Costco 门店采用混凝土地板、高大的商品堆叠以及无窗设计，通过关注效率为用户节省资金。而 Costco 甚至也不需要雇佣工人来打开包装箱——商品都是批量购买，直接放在仓库货架上，有效降低了人工管理成本与费用。这种仓储式经营的仓店一体机制，也有效减少了物流的二次运输成本和商品缺货率。

独特的完全会员制。以顾客为出发点的完全"会员制"理念以及对人、货场的宏观把控，可以说是 Costco 成功的关键所在。虽然 Costco 这个大型零售商超以价格便宜著称，所有商品的毛利率不超过 14%，但事实证明，商品低价出售没挣到的钱，都在"会员费"中赚回来了！

Costco 2019 年的财务数据显示，仅仅是会员费的收入就达到了 33.52 亿美元，约合人民币 232 亿元，几乎占营业利润的 70%，这说明 Costco 的会员费收入是其最主要的盈利来源。

Costco的会员等级包括两种，55美元一年的普通会员和110美元一年的精英卡会员。这两种会员的区别在于，精英卡会员能享受2%的消费现金回馈。这意味着，只要每个月消费一定金额，除了能节省会员费，还可以获得额外的返点，而且返点额度甚至可高达500美元，消费越高就越划算。Costco以给消费者省钱的方式迅速收获了一大批会员，会员续费率高达96%，Costco也就越做越成功。

会员模式存在已久，但为什么Costco的会员经济能取得成功？最根本原因就在于Costco利用掌握的会员信息深耕老用户，而不是花大价钱用各种营销方式去获取新用户。这也是为什么很多知名企业携手万店掌（国内专业零售科技服务公司），以会员识别解决方案来分析掌握进店消费老顾客行为数据。只有掌握老顾客的消费数据与行为画像，将其进一步转为门店会员，做好精准服务与营销，在增加用户黏性的同时让会员价值得到充分发挥，才能为门店带来源源不断的消费和利润。

超低加价。在零售圈，关于Costco的"神话"有两个，一是靠会员费赚取利润，二是极致的毛利率。Costco有一个"14%铁律"——大意是所有商品的毛利不得超过14%，否则要经过其首席执行官（CEO）批准。相比之下，其对手沃尔玛的24%，Home Depot和Lowe's甚至达到35%。其首席财务官（CFO）Richard Galanti曾经表示："我们的经验法则是，将省下来成本的80%~90%返还给消费者。"这就是它的经营之道。也就是说，传统商超是靠卖商品赚钱，而Costco则是通过各种手段将商品的价格压到最低，以商品吸引顾客，用会员费赚钱。

拓展引流渠道，抓住客户的眼神

构建会员体系之后，要拓展引流渠道，不断壮大"会员池"，增加与顾客的互动。拓展渠道的核心是增加触点，包括门店、小程序、视频号、微信、APP、小红书等。触达方式越有效，触达点位越多，越能增加消费者和品牌之间的互动。

线下门店：在线下门店张贴会员福利海报，并在柜台、门店墙壁上贴明显的引流二维码，柜台服务人员引导用户注册成为会员。建立会员和门店之间的联系，实现线上线下互通的模式。

独立APP：互联网上，人们一提到视频APP就会想到优酷，提到美食APP就会想到大众点评，提到购物APP就会想到京东天猫，提到新闻类APP就会想到今日头条。APP是智能手机上安装的应用程序，APP营销则是指企业利用 APP 将产品、服务等展现在消费者面前，企业可以随时在 APP 中推送最新的商品信息、促销优惠、针对消费者的互动活动、针对老用户的回馈服务等。APP 包含文字、视频、图片等各种元素，具有信息精练清晰的特点，一个好的 APP 会牢牢绑定老用户，也会吸引更多的新用户，实现企业的营销目的。同时，APP 也提供了丰富的个性化信息，运用大数据为每位用户提供符合其偏好的促销信息、优惠礼券、个性服务等，让营销效果最大化。

```
个人号                        小程序
            流量
            闭环
社群                          服务号
```

社交分享：社交电商的购物圈是围绕社交工具中亲朋关系链拓展的，可以实现信息即时推广，实现用户的"裂变式"扩张，带来更多的流量。通过社交场景的应用，企业可将特定的销售模式和营销活动搬到线上，比如交互推广、拼团、分销、红包奖励、分享返还等，让品牌的传播变得更具主动性。同时，与传统电商相比，社交电商互动性强、亲和力足，让客户对商家的产品更有认知度，并显著提升用户的购物体验，增加消费乐趣。

微信公众号：微信公众号平台可以给关注者推送文字、语音、视频、图片、多图文消息；推送的内容可以是重要通知、趣味互动或产品营销信息等。可以对用户数据，图文消息的到达率、阅读率、转发收藏率以及接口进行分析，实现更精准的营销。同时，可以更好地引导用户了解企业文化，参与品牌的互动活动，提升品牌形象和亲和力。

小程序：微信小程序开发成本与难度相对较低，是较为普遍的线上线下相结合的商业模式。作为社交电商的一种，小程序本身就依附在微信这个用户量庞大的流量平台中，而微信本身是一个强社交平台，因此小程序在社交分享方面有天然的优势。小程序开拓了新的消费场景，可以混合开发浏览，方便快捷，同时可以开展拼单、集奖、讲价、满赠等促销活动，在激活老用户的同时，产生新的用户，提高用户黏性。小程序有着更快的传播速度和更广的传播面，比如你在小程序看中一款零食，直接分享到你的好友群，有兴趣的好友便会主动购买。这种分享式传播亲和力足，同时也基于大数据技术完成用户管理，节省了时间、人力与推广成本。

VR 全景：在元宇宙概念的加持下，许多电商企业开始进入 VR 产业，抖音、快手、微信小程序、百度地图、美团、携程等众多流量开放平台都已经开通了 VR 全景接口，极大提升了用户的体验。VR 全景营销借助 5G 技术，创造身临其境的画面，720 度全方位多渠道曝光实体门店，前置服务体验，即使相隔万里，依旧可以让客户"真实"逛店，大大提升客户信任感，提高客户对品牌的认知，打破地理位置的限制，扩张客户群体的覆盖范围。

直播互动。借助直播和数字化手段，能够实现线上多维触达、降低营销成本、品效协同，帮助企业破局营销困境，实现营销增长。一方面，通过媒体造势、全渠道推广等方式，能够提高直播及企业的知名度和声量；另一方面，直播具备真实性、互动性、实时性等多重优势，能够很好地满足用户需求，通过有价值、有亮点的内容，能够强化品牌的价值感知，吸引用户注意，缩短用户的成交周期。

延伸思考：付费会员与非付费会员

各个企业的经营、管理、资源不尽相同，也因地制宜建立起不同的会员管理和运行体系。这里衍生出付费会员和非付费会员两种不同的会员体系。

在非付费会员体系中，会员一般为等级会员。企业为了维护老客户，往往通过增加客户黏性的手段，为客户提供多样化、多元化的权益和服务组合，提升客户的忠诚度，增强客户的复购率或服务续约率，以此来增加经营收入。

付费会员体系已成为一种成熟的商业模式，付费会员管理主要依靠企业在商品、服务、权益、体验、技术、反馈等方面立体化的建设。会员需要向企业缴纳费用来获取优质增值权益。企业也通过对客户的分级分类，实施细分的营销策略。在具体应用中，各个企业的经营管理模式、资源掌控能力、运行效率不一样，付费会员制所产生的效能、发挥的作用也不尽相同。

	付费会员	等级会员
权益获得方式	二次付费购买	使用频次或金额积累，无需购买
是否有升降级	一般无等级，就算有等级，一般也无升降级制度	基于周期内成长值累计确认等级，且会根据积累数量多少进行升降级

但无论是付费会员还是非付费会员，其核心逻辑是一样的，都需要设置一些门槛来细分客户，让一部分客户享受到权益和服务。这两者最大的不同点就在于，客户获得权益的门槛不尽相同。付费会员需要购买会员权益，而非付费会员则需要在使用、消费过程中积累成长值，通过升

级享受到更高等级的权益和服务。

京东"PLUS 会员"是付费会员的典型模式，它主要通过附加权益包的形式，吸引客户消费。权益包包含的内容非常丰富，如购物时的回馈、购物免运费、商品出现问题时的无忧退换管理、专属客服、专享商品等特殊权益，能够给予客户更好的购物体验。网易云客户中心，给客户开通"权益直通车"，提供黑胶 VIP 尊享、时光机、云猜歌、国风乐跳球、云音漫步等限时福利权益，并将自己与其他战略联盟实施捆绑，让会员客户享受到中国联通 10G 专属听歌流量、优酷视频、快看漫画、芒果 TV、必胜客套餐等增值服务，让顾客更省心、省钱、省时、省力，强化了客户的专属感和优越感，还扩大了企业的品牌影响力。

付费会员和非付费会员，该如何选择？ 选择付费还是非付费会员，有两个综合评估标准：一是看"二八法则"在客户价值结构中是否体现明显。二是看经营运行、销售管理的毛利是高还是低。

第一种类型："二八法则"效应明显，毛利很高，客户可以选择等级会员。此时，企业主要利润来源于头部客户。企业有时还给予其一定的补贴，达到重点维系头部客户的目的。

第2章 我们为什么需要会员体系

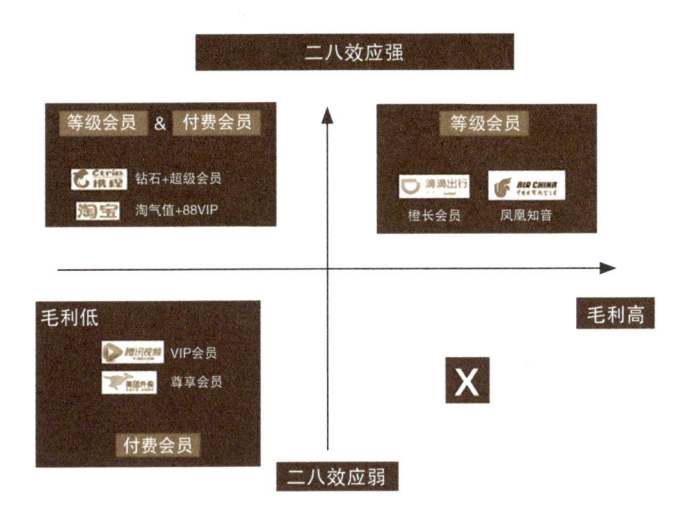

```
                        二八效应强
                            │
    ┌─────────────────┐     │    ┌─────────────────┐
    │ 等级会员 & 付费会员 │     │    │    等级会员      │
    │  携程 钻石+超级会员│     │    │ 滴滴出行  AIR CHINA│
    │  淘宝 淘气值+88VIP│     │    │ 橙长会员  凤凰知音 │
    └─────────────────┘     │    └─────────────────┘
                            │
   毛利低                    │                       毛利高
  ──────────────────────────┼──────────────────────────▶
    ┌─────────────────┐     │
    │   毛利低         │     │
    │ 腾讯视频 VIP会员  │     │           X
    │ 美团外卖 尊享会员 │     │
    │   付费会员       │     │
    └─────────────────┘     │
                            │
                        二八效应弱
```

第二种类型："二八法则"效应明显，但是业务运行的毛利不高。建议优先实施等级会员管理。在运行中，如果产生的毛利无法覆盖权益的成本，则可以改选付费模式。让利一部分毛利来补贴管理成本。但这样做，需要测算合理的会员价格，用来维系头部客户。

第三种类型："二八法则"效应不明显，毛利很低，建议实施付费会员管理模式。因为较低的毛利，就意味着覆盖不了会员权益成本。在运行中，企业给予会员增值付费服务，可以提升企业的盈利空间。

第四种类型："二八法则"效应不明显，但经营的毛利较高，这类行业不适合搭建会员体系。

在现实生活中，通过统计分析，发现衣食住行相关的消费行为，竞争相对激烈，毛利也相对较低。商超、电商平台、外卖平台、歌曲与视频APP大都采用了付费会员模式。而酒店、高铁、飞机等企业大都采用了等级会员体系管理模式。

在具体实践中，也有很多企业将付费模式与等级会员结合，形成"双轨制"。他们将会员细化分类，对于等级会员设置更高的门槛，能够有效维系头部客户。而对于基数庞大的中间层级客户，付费即可享受同头部客户一样的权益。企业采取多元化营销策略，将头部、中间层客户都纳入其中，让不同会员模式给企业发展带来利润。

第3章

完全市场化背景下成品油销售行业如何破局

以客户为中心,充分发挥现有网络和客户资源优势,聚焦建立互联网入口,构建起线下汽车生活驿站和线上车主服务两个平台,为客户打造高价值生态圈;树立"畅享生活每一站"消费服务理念,结合消费者多元消费需求变化,持续完善升级线上消费体验;上线全员、全域、全渠道会员体系平台,构建"私域"会员池,实现跨业务、跨系统、跨平台的会员数据共享、数据整合和集成应用,实现会员统一管理和营销。

什么是完全市场化

在完全竞争市场中，一个行业中有非常多的生产销售企业，它们都以同样的方式向市场提供同类的、标准化的产品。卖者和买者均不能控制商品或劳务的价格。在这种竞争环境中，由于买卖双方都只能是价格的接受者，企业的任何提价或降价行为都会导致需求的骤减或利润的流失。

完全竞争市场排除了任何垄断限制，完全依据市场调节运行，有助于提高生产效率和资源配置效率，增进社会利益，实现消费者效用最大化。

成品油作为一种几乎无差异的产品，拥有多元化的产品供应商，而随着市场竞争日益白热化，成品油市场已基本符合完全竞争的特征。

自国家放开原油配额以来，受大型地炼企业崛起影响，供需两端矛盾十分尖锐。国内成品油资源产量增加，地炼企业不断扩张，地炼产能不断增加，2021年汽油、柴油的产量分别是2015年的3倍和4倍。2022年地炼炼油能力更是增加了4100万吨，严重挤压中国石油、中国石化等主营单位的增长空间，而预计到2025年国内成品油产需差将超过1亿吨。市场竞争和供需矛盾可见一斑，也呈现出以下几方面特征。

（1）**成品油流通领域市场准入放宽，各企业经营模式日益灵活**。国资、民资、外资加速布局油气市场，中国海油、中化集团依托完全市场化模式不断拓展市场，中国海油采取完全市场化定价模式，中化集团参考出口价，采用炼销分成模式，市场化运作模式灵活。

（2）**地炼流入冲击大，价格竞争激烈**。山东地炼的大部分资源流入华北。一方面，导致华北地区成为全国市场的价格洼地，华北汽油批发价格较其他区域低3.1%，柴油批发价格较其他区域低2.8%。另一方面，民营加油站与地炼无票资源形成了资源流通的闭环，激烈的价格竞争不断向终端传导，社会加油站长期大幅降价销售，华北地区有50%的社会加油站汽油降价0.5元/升以上，40%的社会加油站柴油降价0.5元/升以上，这个比例远高于其他区域。同期，西南地区仅有8.5%的社会加油站汽油降价0.5元/升以上，4.8%的社会加油站柴油降价0.5元/升以上。无论是批发环节还是零售环节，华北地区均是全国价格竞争最激烈区域，对销量与效益冲击严重。

（3）**社会加油站联盟化、品牌化、高端化趋势明显**。社会加油站在外观、硬件设施、人员素质、服务水平等方面不断提升，规模化竞争实力和客户服务能力不断增强，销售终端维护成本及压力日趋加大。富海、京博、海科、小海豚等地炼企业加速布局油站网络，依托地炼资源高毛利空间，以"简单粗暴"的大幅降价方式，辅以洗车、免费加注玻璃水等增值服务拼抢市场份额，市场竞争激烈程度不断加深。

（4）**社会单位凭借高价差地炼资源拼抢优质网点，收购、租赁价格大幅上涨。**"十三五"期间，各社会单位利用地炼资源抢滩布点，导致收购、租赁价格大幅上涨，致使中国石油、中国石化两大公司大量加油站站点流失。仅中国石油华北区域便退租优质站点544座，影响销量近300万吨，华北五省加油站数量从3710座减少至3346座，纯枪量从7540吨下降至6460吨，市场份额进一步受到挤压。同时"三黑"问题突出，黑油站、黑枪、黑窝点屡禁不绝，仅华北区域社会"三黑"加油网点至少5620余个，形成一张地下油品经营销售网络和一条运行完整、衔接紧密的灰色产业链条，"竞争之乱、安全之患、环保之忧、税收之痛"的问题非常突出。

（5）**来自新进入者的威胁增加。**随着经济的发展，互联网平台企业加速线下布局，以团油、滴滴加油、平安好车主为代表的互联网平台多达80个，约有12580座社会加油站加入平台，占社会加油站总数的25%。能链团油通过引入资本大规模补贴吸引客户，仅2021年开展拉新活动，就投入资金2亿元。社会加油站通过互联网平台实现日均销量4.3万吨，占全国表观消费量5%。目前网约车市场用户规模已达3.6亿，滴滴、美团等线上平台，通过金融手段实现了客户的快速引流，逐步渗透成品油零售市场并形成一定的议价能力。"社会站+互联网"捆绑结合，进行低价销售蚕食主营市场份额。

（6）来自替代产品的威胁。中国明确了2030年前碳达峰、2060年前碳中和的目标，化石能源企业的低碳发展更是关注的焦点，清洁、高效、低能耗是考核每一个企业的重要标准，清洁能源替代化石能源将持续加速。根据《新能源汽车产业发展规划（2021—2035）》，到2025年新能源车销量占比达到20%，保有量突破5000万辆，预计替代汽柴油消费超过1250万吨。2050年汽车保有量燃油车占比降至40.8%，电动汽车升至55.1%。"十四五"末天然气消费量预计替代汽柴油消费4200万吨。2025年末国内预计建设加氢站1000座，推广氢能源车5万辆。高铁、城市公交、共享单车、液化天然气（LNG）、城市电动卡车的发展加速汽柴油替代，加剧了零售存量市场的竞争压力。而华北区域的新能源转型全国最快，雄安新区未来以清洁能源为主，张家口加快打造"世界级氢能城市"，仅河北省 2021 年就投资 405 亿元打造 85 个氢能项目。华北区域内 LNG 重卡数量年增长超 20%，高速公路加气站持续扩大，本地汽车厂商全面向电动化转型，充换电业务迅速蔓延，替代汽柴油 1280 万吨 / 年。

深挖痛点，因何抱着"金饭碗"过着"乞丐"的日子

加油站网络作为无法被线上替代的场所，是当前最稳定、最有质量、最具价值的业态之一。与超市、便利店客户的高频、低价值和大型商超客户的低频、高价值相比，加油站客户具有高频、高价值的特点，这是成品油销售行业独特的资源优势。那么实际情况又是如何呢？成品油销售企业面临哪些营销"痛点"呢？

成品油市场竞争深度加剧是逃避不了的客观现实。国家原油配额进一步开放后，逐步形成了油气勘探开发、贸易及终端销售领域全产业链开放格局，多主体、多渠道、多方式竞争愈演愈烈。以山东地炼为代表的民营炼油企业，以及民资、外资等各类资本介入的社会加油站，以低成本争抢市场份额，"多元竞争格局"已经形成。加之，互联网企业整合社会加油站，打造线上平台，形成新的竞争力量，

非主营单位市场话语权持续增强。以河北省为例,"十三五"以来中国石油和中国石化加油站零售市场份额持续下降,中国石化河北销售和中国石油河北销售两家公司纯枪份额已不足50%,为全国最低,市场话语权逐步转移至地炼及社会加油站。再以一个加油站为例,中国石油邯郸环球1站,是河北销售的"一面旗帜",2017年前,该站保持着年均双万吨的销售业绩。但近几年,加油站周边5公里范围内新增多家社会加油站,他们凭借地炼资源成本低的优势实施降价促销,加之多样化配套服务措施,有效抢占周边需求,直接影响该站年汽油销量超万吨,曾经的双万吨站也是因此失去了往日的光芒。

所以在高成本背景下,如何有效参与市场竞争、踩好市场份额和企业效益这个**"跷跷板"**,是当下石油石化销售企业必须要过的关口。企业转型提升迫在眉睫,急需在同质化的市场环境下,培育差异化营销优势。

新能源时代已悄然到来,我们做好准备了没有? 进入新时代,国内经济发展进入新常态。为打赢蓝天保卫战,国家经济转型持续加速,高能耗产业产能刚性收缩,第三产业贡献率接近50%,成为经济增长的最大拉动力。其中"降碳"推动能源结构变革特点尤为明显,商用车正在使用电动重卡或氢能重卡替代柴油重卡,乘用车正逐步被电动车替代，预计 2035 年、2040 年、2050 年所需的加油站数量，将分别下降 13%、33% 和 70%。现在全国 13 万座加油站中的 70% 将转型取消油品销售业务。新能源加速替代汽柴油，油气企业在竞争中失去了资源优势，企业发展将何去何从？我们要做的就是在顺应时代变革、加快企业转型的同时，积极应对市场变化，加快营销思路转变，走在对手前面，走出一条石油石化销售企业的"生存之路"。

说到此，大家不禁要问，以上所述均属国家发展和市场形势的客观变化，是所有成品油销售主体都要面对的问题，那我们坐拥现成的加油网点和相对固定的客群，因何抱着"金饭碗"过着"乞丐"的日子？我们的营销"痛点"是什么？

"痛点"之一：我们的客户在哪里？ 社会加油站利用低价资源抢占市场份额，加大对重点客户、价值型客户的抢夺力度，很多客户纷纷流入地炼企业、社会加油站，成品油销售企业原有的客户体系被打散、打乱。市场竞争就像一面镜子，照射出我们的短板和不足。企业的发展离不开客户。但在激烈的市场竞争面前，我们的客户在哪里？找不到客户，企业发展就是无源之水、无根之木，更谈不上挖掘客户需求、满足客户需要、提升企业的竞争实力和发展效益。

第3章 完全市场化背景下成品油销售行业如何破局

"痛点"之二：我们怎样适应客户需求的变化？ 任正非说过，在任何时候都不要忘记客户需求导向，否则，就是冬天去北极。这足以表达他如何看待企业的生命——客户需求就是企业的生命。随着经济的快速发展，客户需求从单一需求向多元化转变，私人定制、个人专属、优质服务、增值服务的需求更加突出。网上商城的普及和年轻人的潮流生活方式对营销格局产生巨大影响，专属消费体验、定制款联名商品等更能得到主流消费群体的青睐，产品差异化、客户精准化趋势更加明显。同时，疫情常态化对客户的消费习惯产生巨大影响，线下购物场所数量逐步减少，消费者线上购物习惯逐渐养成，淘宝、京东、拼多多等线上平台交易额不断攀升。国家确定碳达峰碳中和时间表，进一步引领低碳环保、绿色出行，地铁、公交、拼车、骑行等出行方式蔚然成风，导致成品油消费降低。消费者加油和进店消费频次明显降低，同时开始高度关注并主动寻求主营单位APP、各类平台（团油、高德地图等）、公众号等发布的优惠信息，促使企业开始加强联合。能够触达的"私域"会员数量和质量，成为决定营销效果的关键因素。

"痛点"之三：线上线下业务怎么融合？ 随着互联网数字化技术发展，我们着重于线上平台营销的研究，并为之付出大量的精力和物力，忽略线下门店零售的综合提升，一定程度上存在"顾此失彼"的现象。据研究数据显示，近7成消费者在购物前会进行线上与线下的研究，零售实体应做到"注意力在哪里，营销就在哪里"，需要开展全场景全渠道的数字营销。电商的红利期已过，我国网络购物规模增速已呈现放缓趋势，传统线上平台对于实体零售业态流量的侵蚀或已触顶，线上线下"租售比"已经十分接近。此外，线下门店有利于零售商提升品牌形象，零售渠道有待回归线下，所以我们拥有的加油站网点是珍贵的营销资源，是众多互联网企业所不具备的。而我们需要做的就是对线下网点进行数字化转型升级，加强线上线下融合研究，综合提升营销能力。据商务部数据显示，零售实体约87%的商品雷同，距离远近成为消费者选择商场的第一要素。然而当前零售实体严重过量，凭借"距离"可覆盖的消费者正在急剧减少。零售实体如果不进行全渠道数字化营销，覆盖范围或仅限于周围一公里；如果不能洞察消费者喜好，则会被激烈的行业竞争所淘汰。中国城市经济高速发展，工作强度大，整体生活节奏较快，消费者在零售实体逗留的时间有限，绝大部分消费者在商场逛街、购物的时间通常为1至2个小时。零售实体可借助头部社交平台的流量优势开展多样化的营销，如通过朋友圈广告、公众号推送、社群营销等方式反复精准触达潜在客户，有利于帮助消费者减少无效决策时间，促成购买决策。这也就是大家常说的，零售企业需要拓宽"场"的概念。这里，引用一个例子。2020年1—4月百货业态零售额累计同比下滑29.8%，其中3月同比下滑40.6%。同时从上市公司数据来看，百货板块营收下滑43.73%；归母净利润方面，由于客流量减少，叠加费用刚性，同比大幅下降121.95%。然而天虹、银泰等数字化转型较早的百货企业在疫情期间表现亮眼。天虹于2013年启动业务模式转型，并持续进行会员、营销、商品、服务、经营及供应链数字化改造。疫情期间，天虹百货的线上销售占比超过15%，不少在天虹系统内的品牌线上销售都逆势增长。

"痛点"之四：现实及未来的网络平台价值如何挖掘？
按照发达国家的趋势来看，新能源的发展面临着微利化。未来加油站经营主要靠非油业务来盈利，以油引流、以非创效将成为主流。但从企业内部经营看，非油产品的供应能力和销售能力都远远跟不上市场发展变化的需要。中国石油拥有2万座便利店，中国石化易捷是国内最大的连锁便利店，如何开发更有竞争力的拳头产品，制造出更加适合市场、迎合消费者需求的个性化产品，通过良好的服务和精准的营销推送触达消费者，成为我们的思考方向。市场在变化，业态在更新，做到适应竞争、引领消费、抢占先机，需要我们刀刃向内、自我革命。目前企业的竞争实力、自身能力还无法满足激烈的市场竞争需求，人员队伍素质亟待提升，经营理念需快速转变，体制机制需深入变革，这样才能深入挖掘网络平台的价值。

"痛点"之五：营销工具如何通过技术革新实现精准营销？随着国家消费不断升级，客户需求日益多样化，对营销服务标准的要求逐步提升。传统营销工具的短板日益凸显，首先是缺乏全渠道的会员管理工具，原有实体加油卡的占比不高，大量微信/支付宝、银行卡、现金客户的信息无法获取，全渠道客户数据缺失导致我们无法进一步区分价值客户和非价值客户，不能精准施策，无效促销仍然存在；其次是原有实体加油卡的积分体系在激烈的市场竞争中吸引力不足，回馈率和兑换率都比较低，难以发挥维系客户的作用。同时，促销信息触达手段单一且效果不佳，现有手段难以将促销信息传达给新用户。另外，跨界合作已成为行业发展和打造"人·车·生活"生态圈的必然途径，但跨界合作需要以信息技术层面的融合为基础。受技术层面的限制，目前跨界合作模式简单，会员权益资源整合和不同企业间客户相互引流困难，无法有效整合多方资源。

行业突围与营销破局

近年来，能源行业普遍认识到了互联网营销平台的重要性，中国石化、中国海油、中化集团都已建立互联网营销平台。中国石化在立足主业的基础上，打造了一批专业平台，例如工业品电商平台易派客、专注化工销售的电商平台石化 e 贸，以及拥有最多全国线下便利店的易捷品牌。经过短短几年的发展，这些专业平台渐成规模，品牌价值逐年提升。中国海油旗下的中海石油炼化有限责任公司策划了电商上线"三步走"，即"上得去、看得见、管得好"的管理思路，全部产品上线"海油商城"，全面实现线上交易，线上线下共同发力。中化集团推进"线上中化、数字中化、智能中化"战略，着力打造的电商平台成为中国最大的工业品电商平台之一，整合了旗下近 100 家生产企业的 8000 多个产品及 6 万多个牌号，形成 12 大类行业解决方案和 126 个应用解决方案，涵盖金融、物流、检测等业务板块。

当下，石油石化销售企业紧紧围绕客户，充分发挥现有网络和客户资源优势，聚焦建立互联网入口，纷纷构建起线下汽车生活驿站和线上车主服务两个平台，利用营销手段，实现油品零售、直分销及非油业务高度融合，为客户打造高价值生态圈，整体提升企业的综合实力。

以中国石化广东石油互联网营销探索与实践为例，为实现既定战略，2015年以来，公司以信息化为切入点，以机构改革为保障，以考核激励为动力，有序建设企业O2O服务平台，迈出转型第一步。

该公司充分分析现状，规划O2O服务平台的建设思路：以"固化前端，培育客户使用习惯；优化服务，提升客户使用价值；整合后台，提高营销管理效率"为目标，建设前端三大入口（APP+网站+微信），做好后台三类整合（流程+系统+数据），打造客户三重价值（商品+服务+增值）。2015年7月，公司成立了"转型发展领导小组"和"转型发展办公室"，各二级单位下设专职岗位，完善了运营模式和业务流程，出台了配套办法和激励措施。先后开展了"百万微信粉丝计划""加油广东APP推广"等营销活动，迅速积累了用户。

在技术应用上，该公司采用云计算、物联网、移动互联网等新技术自建信息云平台，与企业各业务系统深度集成；采用"碎片化、厚平台、薄应用"的建设模式，实现数据、应用的集成共享。通过技术创新，逐步构建了以沟通督导、会员积分、油非互动、跨界合作、车主生活为核心的O2O服务平台，先后推出了微信公众号、会员商城、

APP、直分销电商网站等线上服务窗口，实现了线上线下各渠道的业务协同。

随着业务深入开展，该公司平台陆续上线了保险、汽服、粤通卡、服务区商户等新应用，实现了外部商户集成、第三方物流配送、第三方积分兑换等功能，持续拓展新业务、扩大服务范围。

探索与实践——河北销售会员体系新路径

中国石油作为国内成品油主要供应商之一，致力于提升上中下游整体产业链价值，打造油气氢电非综合能源服务商，为客户提供更优质的服务。同时，在会员体系和管理方面做了大量的尝试和探索，积极围绕"畅享生活每一站"消费服务理念，结合消费者多元消费需求变化，持续完善升级线上消费体验，先后推出"中油好客e站"APP、微信公众号、加油卡服务平台、昆仑好客天猫旗舰店、积分商城、支付宝生活窗等线上平台，全天候为广大消费者提供充值、加油、导航、购物、电子券、发票等10余项核心功能，以及包括"优惠活动""汽车生活""积分兑换""油卡查询"等服务在内的线上体验。每月还开展"10惠"等活动，与线上平台联动，把更多消费实惠与便捷体验带给广大消费者。

河北销售作为中国石油销售系统第一家数字化转型试点单位，重点从三个方面推进成品油行业的数据转型发展：使商品具备入口价值，积极推进"互联网+"营销策略，建设智慧型加油站，打造智能型黄金终端；使商品衍生消费场景，有效整合跨行业资源，实施精准推送服务，满足客户多元化需求；使交易数据产生提升价值，实施客户全息画像，提供产业链数据服务，推动营销更加精准触达。

2022年一季度，全员、全域、全渠道会员体系平台上线，构建"私域"会员池，在原有加油卡、"中油好客e站"系列平台（APP、微信/支付宝小程序、微信公众号）400余万会员基础上，通过打通微信/支付宝、银行卡等第三方平台接口，实现跨业务、跨系统、跨平台的会员数据共享、数据整合和集成应用，实现了会员统一管理，在会员服务体系建设方面进行了积极的探索。

河北销售于2017年基于集团总部"中油好客e站"公众号和电子券系统搭建"好客油油"线上全会员平台（小程序），打通了"智慧加油站"微信公众号与"好客油油"小程序的接口，实现了会员数据共享，通过一年多的运营，在"好客油油"会员平台上实现了加油、电商、会员管理等基本功能，会员规模达到200万人，在应对主营单位线上促销、客户运营、精准促销等方面取得了较好效果，为后续会员体系的构建奠定了基础。

河北销售搭建会员权益超市，通过 API 和 SDK 数据对接模式，打通与移动、交通银行等战略合作方线上平台接口，将合作方会员权益、入驻商家等引入会员超市，为客户构建丰富的权益生态。在公司日常油卡充值、互动游戏等营销活动中，通过赠送第三方会员权益，将公司会员权益植入合作方线上平台。通过合作方对外输出会员权益，引导客户进站消费，实现与合作单位的业态互融、携手共进、合作共赢。

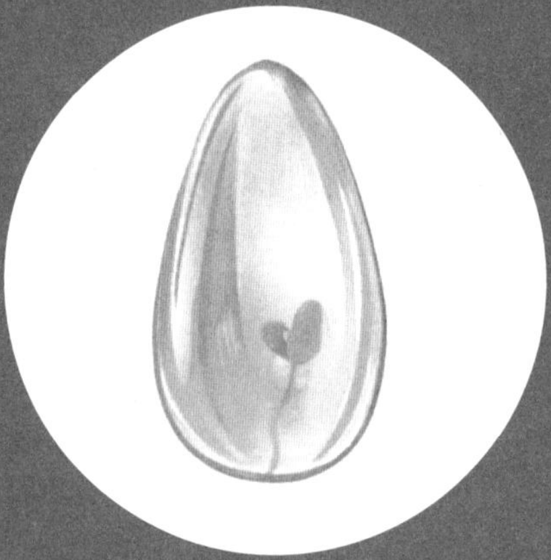

第4章

"油瓜子"的孕育与成长

互联网行业的迅速发展,给会员营销带来勃勃生机,同时,也给成品油销售行业的营销革命带来启示:数字化全会员体系建设成为可能!河北销售的"油瓜子"也因此破土发芽、应运而生。

与客户谈一场"全"心"全"意的恋爱

美国推销大王坎多尔福说过:"销售98%是情感工作,2%是对产品的了解。"很多人都把做销售和谈恋爱来比较,觉得销售本身就是和客户恋爱的过程。两者在诸多环节类似,从陌生到熟悉,从熟悉到相知,从相知到相爱,最终"成功牵手"。而会员体系建设实质上就是在最大范围内找到属于自己的客户对象,谈一场"恋爱",并让它"开花结果"。

"知己知彼方可百战百胜",如何更有效地拉近我们与客户的距离,动态了解客户需求,从而更精准地实施客户促销政策和"定制化"的增值服务,把"恋爱"谈出事半功倍的效果,会员体系营销就是最好的体现。与之前的营销方式相比,全会员营销体系的构建更趋于兼具精准性、全面性与持续性三大特点,能够在真正意义上实现系统化梳理客户需求,锁定单一客户消费习惯和单一类型加油站营销模式的同时,开展客户喜闻乐见的促销活动,持续拉紧与客户的关系纽带,实现加油站促销信息完整有效触达每一位会员客户。

2022年4月,河北销售正式开通覆盖线上线下油品、非油品全场景的全会员"油瓜子"管理系统。"油瓜子"成

为新会员体系积分的形象称呼。系统以"油瓜子"为核心,实现跨业务、跨系统、跨平台的会员数据共享、数据整合和集成应用,彻底打通各系统、各平台间会员信息"孤岛",实现全渠道会员信息统一管理,为我所有,为我所用。

与之前的会员体系和营销方式相比,数字化全会员体系突出一个"全"字。

全会员:会员体系构建了统一的会员数据中心、数据互通互联,实现了全会员信息管理。

全渠道:打通了线上线下应用渠道,不仅整合了全渠道客户信息,还可以根据客户不同支付方式,实现全渠道客户精准返利。

全在线:构建了微信公众号、微信/支付宝小程序、APP、企业微信、线上商城等构成的线上营销矩阵,最大限度实现精准营销触达和与客户的互动。

全场景：覆盖线上线下、"油卡非润气电氢"等全消费场景，同时围绕"人·车·生活"生态圈，不断拓展异业合作范围，构建全场景业态。

全工具："油瓜子"积分系统并非对原有加油卡、电子券等营销工具的替代，而是与它们共同组成了更为全面的营销工具矩阵，可以针对不同场景、不同客户精准施策，是一个更为灵活的"组合拳"。下面介绍三种主要的营销工具。

"油瓜子"是会员消费最主要的积分优惠返利方式，可以针对不同油站、不同品号、不同支付方式、不同等级会员，通过会员消费后实现差异化返利的方式提升客户黏性，是河北销售积极参与市场竞争、提升纯枪销售质量的有力工具之一。

加油卡作为最基本的支付和营销工具，具有品牌信誉度高、客户忠诚度高、全国使用、便于管理的优势，其中实体加油卡仍然适用于单位客户开发、单位客户车辆管理和部分传统实体卡个人客户。个人电子卡（实体加油卡的电子化）是最重要的支付方式，持个人电子卡的会员是公司全会员的最主要组成部分。通过电子卡发行可以拓展公司会员数量，获取客户数据信息，培养客户线上消费习惯，也是会员体系优惠返利的最主要支付方式，主要适用于个人线上会员开展营销活动。车队电子卡（车队卡的电子化）主要适用于线上车辆管理需求的单位客户。

电子券是具有一定金额的电子优惠券，主要用于油品、非油品消费抵扣。客户可通过储值返券、链接领券、抽奖等形式获取，公司也可通过智能营销平台，筛选条件主动派发。作为一种配合性营销工具，具有调整方便、灵活性高的特点，主要适用于第三方异业合作、外部合作单位引流、智能营销平台应用和刺激客户短期消费，针对不同时段、不同站点、不同客群开展专项营销活动。

全会员体系的核心是客户全生命周期管理，建立全会员体系的本质就是寻找和客户建立联系的纽带。我们以电子卡、电子券、油瓜子等智能营销手段，依托消费返利、智能派券、平台权益整合的精准营销，解决了长期以来制约客户体验、现场服务效率和营销促销的痛点和难点，让我们和客户这对"恋人"的互动性越来越强。

"油瓜子"即消费返利的积分，它支持分地域、分站点、分时间段、分消费区间，所有的支付消费都会返还累计油瓜子。通过油瓜子和客户建立情感纽带，客户的黏性持续增强。

如何送到客户心坎里呢？"一客一策"就成为最好的

解决途径。全会员体系的智能营销平台可实时掌握折扣优惠及存续状态，依托 300 余个客户标签为客户派专属优惠券。让客户感到物超所值，价值转化就成了精准施策的重中之重。会员体系平台是共享的、开放的，客户想什么需要什么，我们就给客户准备什么，使客户对我们形成长期的依赖关系。

给客户最好的祝福："油瓜子"名称的由来

"油瓜子"这个名字从"金瓜子"衍生而来。

"金瓜子"是古代碎金的一种称呼，最初同金锞子一样作为货币流通于民间；而没有标明公估公议的散碎银子后来却没有所谓"银瓜子"的称呼，这反映了古人对"金瓜子"的珍视程度。后期，"金瓜子"已经成为皇帝的御用之物，专门用来赏赐后宫及大臣，是荣耀和皇恩的彰显，不在于确切值多少钱。因此，河北销售参照"金瓜子"的美好寓意，又结合其主营产品特性，将会员积分命名为"油瓜子"。

"油瓜子"具有消费价值。1个"油瓜子"价值1元。分为通用"油瓜子"、油品专属"油瓜子"、非油品专属"油瓜子"。通用"油瓜子"既可消费油品，又可消费非油品；油品专属"油瓜子"仅可消费油品；非油品专属"油瓜子"仅可消费非油品。

会员裂变："油瓜子"的系统功能

"油瓜子"会员管理系统具有会员管理数据化、营销互动精准化、经营决策智能化的特点，主要包括会员识别，会员招募，会员管理，会员裂变，会员积分、成长值与会员权益，会员服务，会员营销，统计分析等功能。

会员识别：线上通过"中油好客 e 站"APP / 微信小程序 / 支付宝小程序、"好客油油"微信小程序、加油卡门户网站和"中油好客 e 站"微信公众号 / 支付宝生活号识别会员身份；线下通过会员二维码、注册手机号、已绑定的加油卡、已注册的微信 / 支付宝付款码识别会员身份。

微信、支付宝用户出示付款码支付后，系统自动记录潜客身份，并关联交易，当用户通过线上渠道注册会员后绑定历史交易，成为正式会员。

会员招募：线上通过"中油好客 e 站"APP/ 微信小程序 / 支付宝小程序、"好客油油"小程序、加油卡门户网站进行注册。线下通过二维码扫码注册。

会员管理：通过识别会员基本信息（会员 ID、会员名称、会员手机号、会员昵称、会员头像、证件类型、证件号码、性别、生日、所在地市、积分等）和会员消费数据（总消费额、月均消费额、消费次数、积分累计变动、电子券等）创建会员标签，实现对会员的分类分级管理。

会员裂变：员工或客户可以通过分享专属二维码邀请好友注册会员。通过注册会员、绑定加油卡、开通电子卡、不下车加油支付四种活动为邀请人、被邀请人派发电子券、"油瓜子"奖励，激励会员裂变。

会员积分、成长值与会员权益：包括积分体系、成长体系和会员权益超市。积分体系涵盖消费和行为场景，"油瓜子"可用于抵扣油品、非油品支付金额；成长体系根据会员的消费和行为按照一定的规则计算成长值，划分白银、

第4章 "油瓜子"的孕育与成长

黄金、铂金、钻石、黑钻五个等级，通过会员权益超市，赋予相应权益。

会员服务：通过"中油好客 e 站"APP、"好客油油"微信小程序提供会员中心入口，展示会员基本信息、会员权益等。会员交易、"油瓜子"、成长值等信息变动，通过"中油好客 e 站"APP 站内信和微信公众号及时、精准触达客户。

会员营销：灵活设置"油瓜子"优惠规则，可根据时间、组织机构、商品、支付方式、会员等级等组合配置，通过注册、办理电子卡、参与活动、消费等全场景计算"油瓜子"数量。

灵活设置激励规则，根据支付方式、支付次数、支付金额等配置阶梯奖励政策，通过线上、线下交易触发奖励规则，派发电子券、"油瓜子"奖励，线上交易实时派发，线下交易 T+1 日派发。

灵活设置折扣规则，根据会员等级、时间、组织机构、商品、金额、折扣方式（固定折扣、比率折扣）配置会员专属商品。

灵活设置派券规则，根据拉新、注册、消费、活动等多种方式派发电子券。还可通过"智能营销平台"自主筛选客户属性、支付方式、消费行为等标签，创建客户群，灵活派发电子券。

统计分析：支持业务统计分析报表，支持财务清分清算报表。

系统创新：全会员体系的技术路径

在昆仑数智公司等相关技术单位的支持下，河北销售着力技术突破，充分借鉴成熟电商平台及行业会员运营经验，进行了"油瓜子"全会员体系建设。

建设原则

（1）统一规划原则。河北销售基于全会员、全渠道、全在线原则统一搭建会员管理平台，将加油卡用户、移动支付用户、第三方平台用户全部纳入平台统一管理；提供统一的渠道客户端，包括APP、微信公众号、微信小程序、支付宝小程序和自助结算终端等。平台移动支付、加油卡服务、油品（非油品）销售等核心功能按照统一流程、统一操作对用户提供统一服务，同时提供统一的信息触达。

（2）分级管理原则。按照河北销售分级管理的运营模式，平台提供基于会员裂变、会员积分、会员等级、会员权益、会员活动的运营策略，支持各地市分公司结合实际需求，开展个性化运营，包括分销页面配置、本地区用户运营和营销活动配置、组织分销架构及员工信息维护等。

（3）开放共享原则。依靠中国石油品牌影响力和官方平台强大的用户流量和支付功能，对外提供会员系统集成和支付功能集成。会员平台按照统一规划、分级管理原则，对有个性化需求的跨界合作业务，履行审批手续申请开放所需系统接口，例如互联网支付接口、电子券系统接口等，便于和第三方平台开展拓客引流、加油卡充值、移动支付、积分兑换、电子券等联合营销业务。

全会员平台架构

全会员体系从应用层面规划，按照渠道层、运营层、业务层、支持层四个层级的架构进行设计，其中渠道层满足个人客户移动端使用需求；运营层满足省市两级管理者后台管理需要，同时支持加油站员工日常推广；业务层包括会员管理体系、积分引擎、营销平台等功能；支持层提供加管系统、加油卡系统、HOS（霍尼韦尔运营系统）、电子券等系统数据接口，通过大数据平台实现实时数据交互。

全会员平台信息系统架构

从信息系统部署角度，平台分为用户层、应用层和数据层三个层面，通过网络实现数据传输，通过负载均衡实现多台服务器资源均衡应用。其中用户层主要面向会员、系统运营人员和平台管理人员；应用层保障线上平台各项功能正常运行；数据层由主数据库和备份数据库构成，用来存储和备份平台运行的各种数据信息。

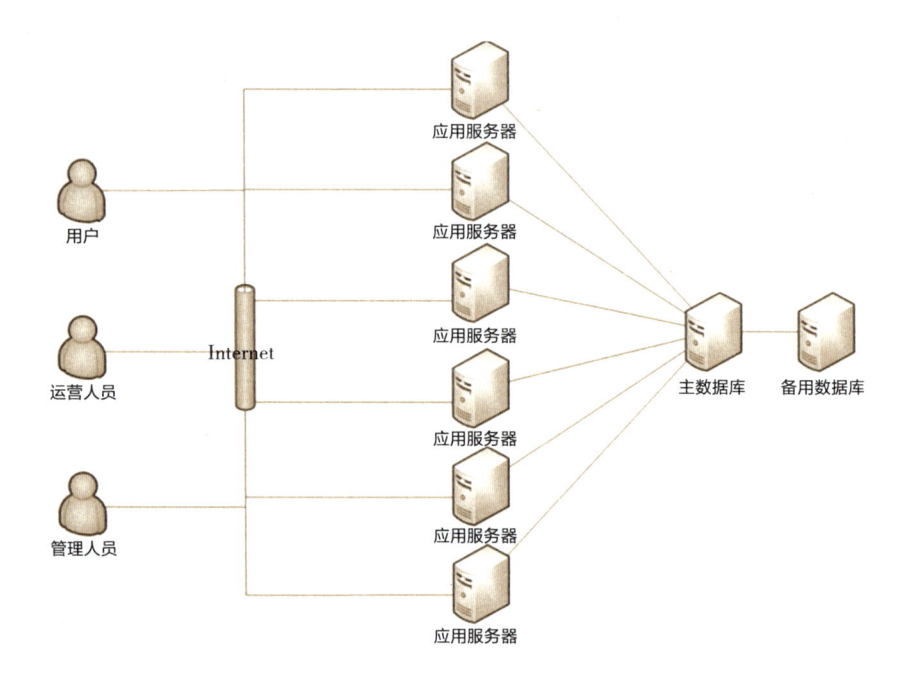

"油瓜子"的上线发布策划

2022年4月28日，在经过了充分的研讨、策划、筹备后，河北销售"会员服务体系上线发布暨战略合作联盟推进会"举办。

中国邮政、中粮集团、中国人保、交通银行、中国银联、工商银行、浦发银行、平安保险、中国移动、中国联通、中国华电、中国华能、三一机械、敬业集团、以岭健康、衡水老白干等多家驻冀企业以及各大商会参与了活动。新华社、人民网、工人日报社、河北新闻网、河北共产党员网等多家主流媒体对发布会进行了宣传推广。

发布会后，"油瓜子"的广告语迅速传播，得到了广泛社会关注和消费者的好评。此次发布策划打响了"油瓜子"品牌营销的第一枪，起到了良好的宣传效果，河北销售也为此做了大量工作。

"油瓜子"形象品牌化、IP化

为了便于传播和营销，河北销售为"油瓜子"设计了专门的IP形象。"油瓜子"结合了"石油"和"瓜子"两种寓意于一身——石油作为能源，集天地之精华，取日月之灵气，既是财富的象征，同时也代表了石油精神，代表了石油人为石油事业执着打拼而孕育出的能量。石油孕育出的"油瓜子"，不仅仅是一个能源之子，更是一个随时向阳而生的金种子，每一颗都可以一生二，二生三，三生万物。"油瓜子"让石油与用户之间产生了密不可分的联系，汇聚成巨大的动能，推动经济和社会发展，展现出新时代石油人的美好情怀。

"油瓜子"的形象设计既体现了石油的本质属性，又体现了瓜子种子的形象，让人们看一眼就能记住。整体设计简单、大方、独特，同时也方便对其形象进行再创作。

第4章 "油瓜子"的孕育与成长

"油瓜子"不仅仅是一个积分符号，更是中国石油与客户之间链接的桥梁，成为一个隐形的货币形象。随着时间的推移和人们消费习惯的养成，"油瓜子"将深入到每位客户的生活。

营销宣传口碑化、流行化

结合油瓜子系统功能，河北销售匹配了具有吸引力的营销政策：新注册会员首次加汽油满200元，可获得5个"油瓜子"返利和1张价值50元指定商品券。同时，赠送邀请人2个"油瓜子"返利。并总结提炼了易于传播的宣传广告语，同时针对不同支付场景，匹配了不同的营销话术。

场景一　现金/银行卡客户

推荐话术：您好先生/女士，请问您是我们的会员吗？现在会员加油送"油瓜子"，可以直接抵现。您可以开通电子加油卡，首单送您一张10元汽油券，而且以后加油都能返价值3%"油瓜子"，在我们这里购买商品还享受97折优惠。还可以立即升级为黄金会员，享受更多权益。

场景二　微信、支付宝用户推广

推荐话术：您好先生/女士，请问您是我们的会员吗？新会员今天加汽油满200元直接送您5个"油瓜子"和50元商品券，而且还返您价值1%的"油瓜子"。您还可以在支付宝上直接申请一张电子加油卡，开卡就送一张10元汽油券，而且以后使用电子卡支付就可以按3%返您"油瓜子"，直接当钱用，特别划算。

场景三　实体IC用户推广

推荐话术：先生/女士您好，您可以将实体卡升级为电子加油卡，更加方便快捷。通过"中油好客e站"APP或支付宝小程序可以直接申领，使用备用金充值，自动生成优惠，各种权益与实体卡一致。现在办理还赠送一张10

元汽油券，购买便利店商品享受97折优惠，消费汽油返价值3%通用"油瓜子"。还可以立即升级到黄金会员，享受更多权益。

场景四 站外发卡

推荐话术：手机注册，就可成为中石油会员，消费可以积"油瓜子"。中国石油推出电子加油卡，加油时只需手机支付，免圈存、无接触、易操作、优惠多，支付宝中可直接申领，充值后自动绑定优惠，加油方便快捷，所有中国石油加油站均可以使用。现在办理赠送一张10元汽油券，购买便利店商品可享受97折优惠，消费汽油返价值3%通用"油瓜子"。还可以立即升级到黄金会员，享受更多权益。

场景五 电子卡功能通用推广

推荐话术：先生/女士您好，请问您有我们的电子会员卡吗？我们现在刚好有活动，在支付宝直接申领电子卡，开卡就是我们的黄金会员，首单加汽油满240元可立减10元，给您申请一个吧！以后加汽油还可以返价值3%"油瓜子"，非常方便划算。

场景六　站内音频广播内容

广播话术：中国石油加油送"油瓜子",一个"油瓜子"价值一块钱,加得越多、送得越多,更多会员权益详询站内员工。

场景七　站级LED播放内容

播放话术：加油送"油瓜子",自用省钱、分享赚钱,更多会员权益详询员工。

线上线下矩阵化、一体化

"油瓜子"发布同时,河北销售充分调动线上线下、外媒内媒宣传矩阵,形成宣传攻势。

外媒方面：本地主流媒体以及系统内部媒体刊发"油瓜子"主题报道,全面打响"油瓜子"上线宣传战。同时,在抖音、快手、哔哩哔哩、小红书、好看视频等

第 4 章 "油瓜子"的孕育与成长

平台开展以"油瓜子"为主题的探店、创作大赛等活动，形成网络话题，推动视频端产出宣传精品，扩大推广辐射流量池。

内媒方面："油瓜子"正式上线当天，公司最大限度发挥内部媒体的宣传阵地作用，发布宣传软文，发动全员转发，形成攻势。

线下方面：加油站在现场醒目位置投放宣传广告，循环播放宣传音频、视频，营造浓厚的营销优惠氛围，为河北销售有史以来力度最大的一次活动。

同时，河北销售还与银行、电信、保险等共同建立单位共享客户群，组织"工行会员领'油

瓜子'日"和"电信会员赠'油瓜子'周"等多种活动形成油瓜子联动优惠,通过联动活动让"油瓜子"更引人注目,起到全方位的宣传效果。

第 5 章

积分，撬动会员流量价值

消费者向商家购买商品或服务，由商家给予一定的返利，通过积分方式累加，消费者凭积分兑换礼品或现金，这既是一种商家正常的营销和让利手段，也是商家获客的手段。在消费、获得积分、进一步消费的循环中，会员黏性不断增强，流量不断增加，价值不断体现。积分在商业运行中发挥着重要的引流、引客作用。

无处不在的积分营销

作为消费者，相信你一定有这样的体验：饭店刷完卡，微信提示"消费 1000 元，获得积分 500 分"。

积分营销在各行各业应用十分广泛。移动公司的积分可以兑换赠品，高铁、航空的积分可以换购机票，超市的积分可以换购商品。例如，石家庄市北国超市会员可以用 2 万积分 +1499 元购买飞天茅台酒。线上商城利用购物换取积分，积分可用于继续购买商品。饭店用积分招揽回头客，在下一次用餐时可以打折优惠或者赠送菜品。蛋糕店的积分可以用来换购商品。洗衣店的积分可以换购洗涤产品或洗衣券。无处不在的积分，已经融入了消费者的日常生活，而积分也从最初的一种回馈手段演变成了一种新型的营销模式。无论是购买商品还是服务，都有积分的影子。积分渗透在电信运营商、银行、加油站、教育、餐饮、商场等各个行业，以产品或增值服务的形态出现在消费者的面前。

从积分的特性上来看，积分营销是一种细水长流的营销模式，它不是一蹴而就的。积分营销将积分作为一种消费行为的记录，获得的积分不仅对消费者的下一次消费产生营销，同时也会对其未来一定时间的选择产生影响。消费者向商家购买商品或服务，由商家给予一定的返利，通过积分方式兑换成礼品或现金，这是一种商家正常的营销和让利手段。积分在商业运行中发挥着重要的引流作用。很少有酒店不采用积分制，几大互联网 APP 都有积分体系或者积分商城，淘宝、京东、美团、饿了么、携程……各式各样的积分商城，吸引着客户驻足停留，继续消费，成为长期会员。

什么是积分，如何玩转积分

积分的定义

对于营销而言，顾客的消费行为以某种可以量化的方式记录下来，我们称之为"积分"。

通过奖励积分的方式，可以提高客户忠诚度，把客户转化成多次购买者甚至长期会员。可以说积分就是购买产品的虚拟货币，是激励客户和引导机制的载体，是商家的一种变相营销手段或者运营策略。

研究表明，争取一个新顾客的成本是留住一个老顾客的 5 倍，一个老顾客贡献的利润是新顾客的 16 倍。通过积分运营可以提高用户黏性，提高复购率，把新客户留住，使其变成老客户。随着大数据时代的到来，电信、航空、金融及互联网企业已经开始关注各自积分的统一化、标准化、通用化，逐步进入了积分内部整合、外部合作的发展阶段。例如中国移动品牌积分、营销积分和业务积分整合运营，国航会员在合作酒店、车行消费积累国航里程，淘宝、支付宝积分整合等。作为一种新兴的营销模式，近年来，积分营销被各行业广泛、深度应用，国内多个行业已意识到积分运营的重要性，纷纷积极推出活动，逐步抢占各种核心资源与战略要地。积分营销系统也成为企业与客户之间的桥梁和纽带，通过奖励积分、兑换奖品，做到返利于消费者，让消费者得实惠；同时企业也可以凭借积分营销系统让积分商城活跃起来，留住老客户，吸纳新客户，实现品牌传播的目的。

积分的兑换

（1）以积分兑换有形商品。这是最普遍也是最容易被消费者理解的积分营销方式。通过兑换有形商品，吸引消费者进行再次消费。这在日常生活中比比皆是，比如银行以积分换礼物，电信用积分换手机，星巴克咖啡用积分卡换取一枚印章，积累到一定程度后可以免费得到一杯饮品。

以积分兑换有形商品，消费者可以比较直观的计算积分能够获得的价值，也更容易接受积分的使用。

（2）以积分兑换服务。随着经济的发展和社会的进步，第三产业在经济中的比重日益上升，服务业蓬勃发展。很多服务提供商采用积分兑换服务的形式，开展营销活动。如航空公司为积累了一定里程的旅客提供免费的机票，金卡会员可以享受机场贵宾室的免费服务；酒店在淡季推出"住四天送一天"的活动，例如香格里拉酒店；社区探索实行志愿者积分兑换制度，志愿者每次参与志愿服务，在核实之后会奖励积分，积分可用于在社区超市进行购物和消费。

（3）以优先权或折扣兑换积分。这种积分在实施过程中，商家本身不需要增加直接成本，而消费者只有在第二次消费时才能享受到积分红利。与前面两个积分模式不同，如果消费者没有再次购买，则商家无需承担成本。例如，在销售奢侈品时，商家会生产数量有限的"纪念版"或"限量版"，而拥有高积分的会员才拥有优先挑选的权利；而某些品牌的"特卖会"只对拥有积分的会员提供入场的机会，比如苏宁在搞活动时，只有持有记分卡才能享受相应的优惠活动，才有机会购买特惠机型，而消费者可凭会员卡中积分的多少来决定可享受优惠的幅度。

（4）**以积分兑换虚拟物品或荣誉**。在互联网营销或在线游戏中，商家提供给消费者的荣誉(头衔、昵称、更改头像权、编辑签名等)本身并无实际价值，但作为消费者而言，荣誉可以满足其个性化的需求，作为积分兑换的一种方式，对消费者仍然有相当的吸引力，促使其继续使用该网站。例如，淘宝会员在淘宝网每使用支付宝成功交易一次，就可以对交易对象进行一次信用评价，卖家可获得相应的加分或扣分。

获取积分的五种方式

（1）**参与营销活动**。这是用于在积分运营体系启动之初，快速吸纳积分用户的方式。用户散落在终端，但是只要没有与用户取得连接，营销运营都是空中楼阁。企业可以在积分运营体系建立之初给老用户充值或者赠送积分，凭借积分营销系统让积分商城活跃起来，留住老用户，实现品牌传播的目的。这需要企业构建起有效的营销渠道，与用户建立起沟通的桥梁，组织开展形式多样的促销活动，吸引会员积极参与。

（2）**客户注册/邀请**。积分运营体系最主要的指标之一就是用户数量，对此，许多企业在积分运营体系之初，向注册的新用户或邀请人赠予积分。例如，新用户在注册时，即可获得100积分；邀请人每分享邀请一个新用户注册，可以获得50积分。西瓜视频、腾讯视频、优酷等视频平台，注册即可得到奖励，分享转发或邀请他人又可以获得额外奖励。樊登读书会、微信读书、各类游戏APP等，也可通过注册或邀请获得积分。

（3）**定期签到**。设置每日或每周打卡签到是培育用户忠诚度、增加用户黏性最为便捷有效的方式。很多商家为了鼓励用户每天登录积分系统和线上商城，设置签到福利。比如支付宝每天登录可以获取支付宝积分，淘宝每天登录可以领取淘金币，京东每天签到可以获得京豆。如果企业想做差异福利，还可以设置前10位、前100位签到的用户，积分翻倍。也可以设置整时签到，引导用户增加登录频次，形成肌肉记忆。还可以设置特殊节日连续签到积分翻倍。

（4）**会员消费**。促进消费是积分营销的最终目的。搭建线上商城，除了获取流量外，也可引导用户下单消费。运用返利促销的模式，设置用户获得积分的方式，主要分为三种情况：一是所有商品消费都有积分返利，二是部分商品消费有积分返利，三是指定商品消费有多倍积分返利。大多数品牌商选择的积分消耗场景为通过积分+优惠价的方式。比如，屈臣氏设置购买产品获得积分和通过各种日常任务赚取积分，而淘宝、京东、得物、必要、拼多多等购物平台每次消费都会由平台返还积分，这些平台的很多产品基本上都可以以积分＋优惠价的方式进行购买。

（5）评价。让用户参与到品牌设计与产品文化是积分消费的又一效用。特别是对于线上平台，用户参与度是重要的评价指标。对此，可以设置奖励性活动，比如，在京东、淘宝以及各大购物平台，用户写了购物心得，拍了照片，评价了商品的性能，给出了实用性建议等，都可以获得不同数量的积分。樊登读书、微信读书等可以通过阅读、听书后撰写读书体会，获取积分，还可以通过组队读书、听书的方式，多人参与共同完成任务，获取积分。

除此之外，有的企业还设置与自身业务相关的积分奖励方式，比如完成任务得积分、分享产品得积分、页面浏览商品得积分等。

积分商城，让积分流动起来

有了积分，还要让积分流动起来，才是积分消费体系的最终目的，积分只有有效流通，才能实现其"虚拟货币"的价值。比如，支付宝是一款来自蚂蚁金服旗下的移动支付软件，已发展成为融合了支付、理财、生活服务、政务服务、公益等多个场景与行业的开放性平台。但多数人没有注意到，支付宝还建立了成熟的积分运营体系，为了让用户活跃、消耗积分，支付宝推出了丰富的积分兑换内容，以"支付宝特色""出行""美食"等栏目展示给用户。并推出优惠券、与蚂蚁森林等公益互动结合的能量保护罩等礼品，完美地与用户运营结合。

积分商城的定义可以分解为"积分"和"商城"两部分，积分是指用户在消费或参与积分营销活动后获得的奖励，用于提高客户忠诚度及复购率；商城则指区别于传统线下门店，基于互联网环境的使用电子支付、快递等工具进行交易的线上门店。积分是商城推出的一种用户奖励计划。商城内的商品参与积分返利活动，用户获得的积分可以在商城中直接作为现金抵用，购买或兑换商城内的商品。

积分方式	积分门槛		积分门槛
花呗支付	单笔满10元	+1分	每月600分
境内外门店买单	单笔满10元	+1分	每月700分其中收钱码每月150分
美团、大众点评、航空公司、12306、海淘商户付款	单笔满20元	+1分	每月600分
淘宝、天猫购物	单笔满20元	+1分	每月600分
充话费	每月前3笔，单笔满1元	+10分	每月30分
还信用卡		+10分	每月30分
交电费		+10分	每月30分
交水费		+10分	每月30分
交燃气费		+10分	每月30分
校园一卡通充值		+10分	每月30分
理财：余额宝、定期、基金、黄金	月日均资产超过1000元	每150元+1分	每月2000分（30万资产）
合计	一年最多积56160分（不计活动奖励积分）		

例如，王老吉给不同会员等级的用户发放了不同积分权益，用户的会员等级越高，享受的积分膨胀系数就越高；另外，王老吉的会员享有不同的积分兑换权限，除了最高等级"上上吉会员"有权兑换积分商城内的全部商品外，其他会员都只能兑换部分商品。

再比如，中国移动将积分运营与客户维系、价值提升、满意度运营等重点工作融合发展，制定相关运营战略，明确涉及相关方的分工界面，整合各方资源，促进协同发展。积分运营与运营商现有重点业务如 5G 业务、家庭产品、权益产品等融合发展，将积分作为一项重要的营销资源，融入业务运营的各触点。充分借鉴商业银行、头部电商的会员运营手段，通过积分游戏、积分兑换、积分秒杀等方式，提升接触客户规模和客户接受度，进而提升运营效率。将积分整合纳入日常消费场景，既通过增加积分运营场景提升吸引力，又推动了实体业务的发展。

积分商城如何运营

积分商城运营包含了三大运营内容：用户运营、内容运营和活动运营。

积分商城中，核心的使用者是用户，所以围绕用户，积分商城提供了新增—留存—活跃—传播用户的良性循环。积分的获取、消耗都需要建立在用户感知的基础上，只有用户有了一定的认知，才会采取相应的行动，积分才能真正流通起来。用户运营还将客户分为新老用户、活跃度高和活跃度低的用户，在积分商城中，采用不同的积分对策，因为不同类型的用户对平台的贡献价值不一样。对于新用户来说，快速吸引其留下来，才是积分商城的首要任务。

内容运营要解决的核心问题是围绕内容的生产和消费搭建起一个良性循环。内容需要触达用户，这里的内容指一篇文章、一张海报或一句文案。商城里的广告横幅、积分产品的说明、兑换的规则都离不开内容运营。内容运营人员需要通过对内容的分类、提炼和总结，将其分成有结构、有层次的专题或板块，改善用户的阅读体验。在积分商城内做好内容的分发，针对不同特性的用户展示不同类型的文章。

活动运营指在积分商城中，围绕着一个或一系列活动的策划、宣传推广、效果评估、用户触达等流程，做好项目推进、进度管理和执行落地。在积分商城中，可以通过不定期的活动来促进用户的活跃度或消费。在活动期间降低某一类商品的兑换金额，或让用户获取到更多的积分，或在活动期间允许兑换某些特殊商品。好的活动运营更贴

近用户，让用户有得实惠的感觉。

怎样合理分配积分数额

签到、分享、消费等任务，可以根据规则来进行积分权重的分配，规定完成每个任务所获积分。

积分汇率可以根据积分获取的难易程度和相应的积分商城的运营预算进行调整。比如"欢乐兑"的积分和实际货币兑换比例是1∶1。

另外，需要对一些商品设置兑换等级、次数限制、特殊兑换活动等来增强用户兑换黏度，同时还要有防作弊机制，避免刷单行为。

怎样让用户有更好的兑换体验感

首先，要保持商品的新鲜度，从而吸引用户。

其次，积分商城不能只提供一些常规兑换的商品或者价位过高的商品，这样会把积分较少的用户拒之门外。而商城刚起步时，多数都是新用户，拥有的积分并不是很多，这样会让用户失去兴趣，甚至失去大量新用户。

另外，可以在积分商城中加入一些抽奖或者限时兑换等活动，给用户带来惊喜感和满足感。

综合来说，在"获得积分"和"花积分"两个过程中，让用户有更好的体验，那么用户就会完成你所设定的任务，相应的活跃度也得到提升。

其中最重要的就是让用户感觉积分有价值。不能让用户兑换不起东西，这样会导致用户积分闲置，不再关注商城甚至怀疑商城的诚信度，进而产生负面的评价。

积分设置一定要避免的两个极端：

（1）积分非常容易获得，让用户感觉积分没有价值。

（2）积分获取难度很大，用户缺少时间和精力去关注，没有积极性。

正常情况下，积分获取难易程度应该先易后难，并且在积分增长的同时设置用户等级的增长，并推出专享特权。

应提升积分商城用户友好度。积分商城平台应从客户需求角度出发，借鉴电商平台运营经验，完善礼品展示、用户推荐、用户筛选等功能，通过智能系统自动处理一些基本的投诉，以提高处理效率和用户满意度。同时，积分商城应结合信息技术和大数据技术以实现用户体验监视、应用程序性能监视、中间件监视、基础结构监视等手段，针对性提升系统友好度。

浅析天猫的积分运营策略

我们以天猫为例，分析其积分规则和积分商城的运营规则。

（1）天猫积分定义：

天猫积分指天猫商家（含天猫）为了答谢会员在天猫成交符合资格的商品或服务，或满足其他天猫事先公示/认可的积分获取条件，而特意推出的专属会员的积分奖励服务。

天猫积分可以用于兑换会员权益（包括但不局限于兑换天猫购物券、天猫红包、超值特价商品），参与各种积分活动等。

（2）天猫积分的获取方式有以下三种：

购物积分。指在天猫购物"交易成功"后获得的积分。用户购买天猫商品，确认收货并交易成功（支付宝软件系统显示该交易状态为"交易成功"）后可获取购物积分，系统自动发放至对应账户。

10倍积分活动。会员购买带有"下单享10倍积分"标识的指定活动商品，可获得10倍于日常购物的积分，最多获得20000个积分，具体数额以实际发放积分数为准。

其他活动积分。会员通过参与天猫官方组织的活动获得的积分。

（3）天猫积分的使用规则：

积分抽奖。天猫选用了单品抽奖的形式，每天选择2个高价值商品作为抽奖商品。用户以每次88积分抽取该商品。

积分兑换。天猫设置了每天 4 次（分别为 10 点，14 点，18 点，20 点）限时限量兑换商品的机会。商品主要分为超大额商品券、天猫旗下优惠券、天猫活动道具三种。

积分当钱。用户可通过积分 + 钱换购商品，用积分抵扣一部分费用。

积分抽奖

（4）积分运营策略：

天猫积分从玩法设计、商品选择、兑换门槛等方面都有很多值得借鉴与学习之处。

一是根据目标用户的画像设定兑换积分值门槛与选品价格区间。天猫积分频道最吸引用户的是每日限时限量纯积分兑换大额券的模块，设置了最低兑换积分值，只有优质用户才有资格兑换此部分商品。而所兑换商品积分值基本集中在 3888~5888 积分之间，代表多数核心积分用户的消费额是在 7776~11776 元之间，假设购物积分有效期平均为 1.5 年，那么这部分优质用户年消费额在 5184~7850 元之间。

根据目标用户群体的画像，设定积分兑换商品的门槛值，可以更有效地把预算花在目标用户身上；而根据这部分用户拥有的大概积分区间，也可以通过可兑换的商品让这部分核心用户得到更多选择与更优质的体验。

二是通过不同的玩法配置，兼顾不同积分值人群。天猫将积分消耗分成三个梯度：第一梯队为积分抽奖，用户只需 88 积分即可参与，门槛最低；第二梯队为积分+钱换购，用户需要 200~3000 积分参与该模块；第三梯队是纯积分兑换大额实物券，用户积分需要 3000 以上才可兑换。

天猫通过不同玩法的搭配组合，匹配不同的参与积分门槛，将预算花在目标用户身上的同时也兼顾了不同积分值用户的体验。

三是选择以日用百货类商品为主要兑换商品/换购商品的选品策略。此类商品具有低价格、受众宽泛、保质期长、无尺码问题、不易被退货、相对安全等多种优势，非常适合应用在此场景。

"油瓜子"积分商城怎样运作

河北销售的销售端会员积分统一叫作"油瓜子"。那么用户怎么才能得到"油瓜子"呢？"油瓜子"价值何在？成为会员后，等级成长如何设定呢？

注册会员才能得到"油瓜子"。通过新会员注册优惠、"以客引客"拉新优惠和会员互动优惠，比如会员生日、每日签到活动等，均可获得"油瓜子"。

已注册会员消费后，按照实际消费金额，设定不同积分返还优惠，即消费后可返"油瓜子"。"油瓜子"具有消费价值，1"油瓜子"可抵现1元。"油瓜子"可分为通用"油瓜子"、油品专属"油瓜子"（仅可消费油品）和非油品专属"油瓜子"（仅可消费非油品）三类。"油瓜子"有效期原则上为自派发之日起365天，可"零存整取"，不设条件直接消费使用，这也是"油瓜子"吸引客户的亮点。

目前"油瓜子"可针对不同油站、不同油品、不同支付方式、不同等级会员，通过会员消费后实现差异化返利，从而提升客户消费黏性，这也是为何"油瓜子"是会员体系的核心价值所在。

"油瓜子"返还营销规则

自定义时间段返还：会员在特定时间段消费后触发返还"油瓜子"规则，例如仅在早8点到晚5点消费返还"油瓜子"。

分地域、分站点返还：会员在特定地点消费后触发返还"油瓜子"规则，例如在石家庄1站设定"油瓜子"返还活动。

限定支付方式返还：会员使用特定支付方式消费后触发返还"油瓜子"规则，例如可限用电子卡（含实体卡）/微信/支付宝支付并返还不同额度"油瓜子"。

限定商品返还：会员购买特定商品消费后触发返还"油瓜子"规则，例如仅限汽油消费返还"油瓜子"。

按照消费金额区间返还：会员消费达到一定金额后触发返还"油瓜子"规则，例如消费额在240元以上返还"油瓜子"。

按照会员消费后一定比例返还或固定额度返还：按比例返还，例如按照消费额的2%返还"油瓜子"；固定额度返还,例如无论单笔金额消费多少,每一笔仅返还 2 个"油瓜子"。

自定义有效时长,滚动累积:原则上以年为周期设定"油瓜子"使用期限,具体活动可"一事一议"履行审批程序。

按照会员不同等级触发指定"油瓜子"返利规则。

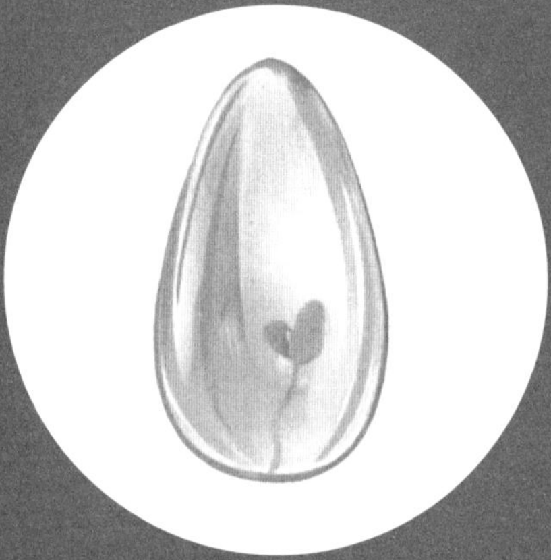

第6章

成长值——实现会员价值成长

会员成长体系最早来源于美国营销学家温德尔·史密斯提出的"用户细分理论",它是指企业可以按照客户的不同属性和差异化的需求对客户进行细致分类,对不同的群体采用不同的营销策略和品牌推广战略,以会员成长体系为动力驱动客户关系管理,形成推动企业长效发展的运行机制。用户成长体系是留存客户的重要手段,也是运营手段、产品机制相结合的设计策略,其本质是对庞大的用户群形成强黏性的平台场景。

什么是成长值，如何搭建成长值

成长值的定义

成长值是一种用户活跃度的度量。客户产生产品所需的关键行为，就会增加相应的成长值。

用户成长体系是留存客户的重要手段，也是运营手段、产品机制相结合的设计策略，具有循环性和延展性，其本质是对庞大的用户群形成强黏性的平台场景。客户成长值与客户的等级是密不可分的，不同的成长值对应着不同的等级；而客户等级与客户权益又是相互关联的，不同的等级匹配相应的权益。所以，成长值、等级、权益是不可分割的。

成长值的价值在哪里

会员成长体系最早来源于美国营销学家温德尔·史密斯提出的"用户细分理论"，它是指企业可以按照客户的不同属性和差异化的需求对客户进行细致化分类，对不同的群体采用不同的营销策略和品牌推广战略，以会员成长体系为动力驱动客户关系管理，形成推动企业长效发展的运行机制。

会员成长体系＝客户分层＋客户激励。

目前，大多数客户成长体系主要是通过一系列机制对客户进行分类，给予不同的身份标识，引导客户不断提升活跃度，深入体验各种增值服务，提升客户黏性，提高购买率，实现客户价值最大化。比如，网易云、樊登读书、全民 K 歌、山姆会员商店等，以及几乎所有视频网站、电商平台、线下超市、线上游戏平台、外卖服务平台都有自己的客户成长体系，一般分为付费会员和非付费会员。对于非付费会员，商家可以提供较低价值、简单易得的权益，对客户消费行为的激励作用小。而对于付费会员，则给予高价值、差异化权益。商家对用户的评价往往以忠诚度、贡献度作为衡量依据，体系中所设计的任务，重点瞄准用户的黏性和忠诚度。与此同时，商家引导用户开展评论、晒单等行为，有利于吸引更多顾客，促成消费，实现销售价值。

搭建客户成长值体系的步骤

不同类型用户的习惯、行为、心理、敏感度等维度的属性各不相同，在搭建客户成长体系之前，需要对各个维度的属性做出预先的判断，例如用户教育程度、使用时长、特性操作、用户活跃度等指标，进而采取针对性的策略。

可以通过大数据收集，掌握用户的个性特征，精准投放对应用户成长体系中的设计策略。通过精准投放与行为引导，激励纯新用户，策略性地存留边缘用户与核心用户，对用户进行有效干预，形成不同类型用户之间的转换。良好的用户行为引导和合理的产品规划可更长时效地激励用户，保证用户成长体系的稳定性。

一是找出用户关键行为，并赋予成长值。首先要理清产品的业务逻辑，找出影响关键指标的用户行为，并根据权重和算法给每个行为赋予相应的成长值。形成系统性的用户升级计算模式，统计重点用户的任务完成数、活跃度、价值提升等多维度的行为信息，设置合理的成长值影响因素。设置每个行为的成长值有上限，每天的成长值有上限，全面刻画用户成长旅程。

二是划分等级。考虑划分等级的数量和每升一个级别所需时间。设定每个等级对应的成长值区间和用户量占比，可以参考相关竞品的成长值体系。等级成长值区间可以通过活跃用户的历史行为数据计算得出。

三是设置任务。根据用户不同的全生命周期，按照不同成长旅程完成用户分级，设计相应的会员任务。针对新用户，可以通过新客体验类任务引导完成首次体验和关键行为，享受基础免费权益；针对成熟用户，主要激励其形成习惯，通过晋级提升，带动参与度，提升贡献值；针对沉睡用户，开展有针对性的唤醒、召回，通过任务激励增加使用频次。

四是等级权益。权益是用户成长值体系中的重中之重，因为权益是用户升级的动力。等级越高的用户拥有的权益越多。需要注意的是，等级越高权益只能增多，不能升到了某个等级反而缺少了某个关键权益。定义等级权益要根据业务特点和用户需求，可以有产品功能使用上的权益或虚拟物品或物质奖励。例如社区用户喜欢虚拟道具、特殊荣誉等虚拟奖励，而电商用户最实惠的权益就是优惠券、打折券或者是免邮特权等。

五是升级权益资源。在已搭建的会员体系基础上，着力打造全旅程陪伴、千人千面的个性化服务。通过异业合作、流量置换等方式，与外部合作单位实现高价值权益合作，在各种消费、观看、视听、出行、购物、医疗、保险等不同维度丰富权益，赋予高等级用户更多权益价值，提升成长体系的价值。

中国石油的积分体系及会员成长体系

中国石油加油卡的积分回馈采用"消费1元积1分"

的模式，帮助持卡用户更快获得实惠。根据积分数量换算出的价值可以兑换等值商品，卡积分可以在加油站便利店进行兑换，备用金积分可以在网上商城自行兑换。

根据加油卡累计积分数值设置级别，具体分为四级：标准卡、金卡、铂金卡、钻石卡。目前用户权益升级仅针对享受积分权益的加油卡用户。

积分时效：中国石油加油卡积分的基本时效期为两年，高于同业水平；于每年6月底及12月底集中对到期的积分清零，因此用户积分实际时效期可能高于两年（例如您在2012年1月消费所获积分至2014年6月底清零，实际时效期长达两年零五个月）。

积分乘数：积分乘数应用于消费积分回馈活动。消费积分规则（客户加油消费累计积分的方式）均享受积分乘数，非消费的积分赠送（不与消费挂钩的积分方式）不享受积分乘数。根据用户不同级别实施不同的积分乘数。

河北销售会员体系成长值设置

河北销售的会员成长值是指其会员通过消费或互动获得的与会员等级相关联的测算值。成长值不具有消费价值，只与会员等级关联。原则上92#汽油消费1元积1个成长值，95# 和 98# 汽油消费 1 元积 1.5 个成长值，柴油消费 5 元积 1 个成长值，非油品消费 1 元积 1 个成长值。电子卡（含实体卡）、电子券、"油瓜子"等优惠部分或折扣部分不能获得成长值。

河北销售将线上会员分为白银会员、黄金会员、铂金会员、钻石会员、黑钻会员五个等级。成长值达到或超过阈值则到达对应的会员等级。为兼顾加油卡用户，河北销售规定用户开通电子卡，自动升级为黄金会员。具体规则为：

会员定级周期：系统自动在每月月末计算会员累计成长值，并与会员等级阈值进行匹配，动态调整会员等级。

会员升级、保级、降级：在注册为会员后的 12 个月内按照会员等级管理规则，支持自动和手动完成会员判定、升级、保级、降级。

河北销售会员权益

围绕用户衣食住行打造"人·车·生活"权益生态，河北销售携手广大合作伙伴共同打造了数字消费的生态平台——会员超市，通过将合作方会员、入驻商家等引入会员超市，为广大用户提供了数字生活"一站式"消费中心。

主要场景是针对"中油好客e站"APP、"好客油油"小程序中河北地区的会员用户，根据会员等级兑换权益商品的平台。

权益超市后台的配置，当前支持以下几种场景：

可以给任意用户派发权益次数，用户可无门槛获得权益次数。

可以根据用户的会员等级，以自然月为周期进行发放用户权益次数，同时可设置清空时间。

设定不同会员等级可领取的商品不同。

指定某些用户获得权益次数。

用户可在会员中心中看到权益超市的入口：

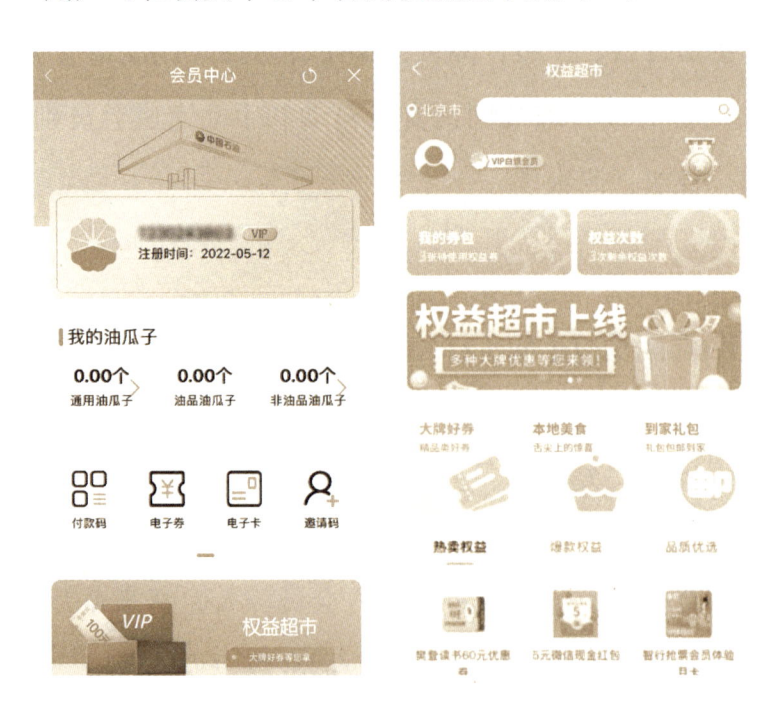

权益超市首页主要展示用户会员等级及我的券包、权益次数、大牌好券的入口。用户可以清楚地在首页了解自己的待用券和剩余权益次数。

根据热门推荐、权益爆款、品质优选在首页展示权益超市中的部分商品。

热门推荐：可在权益超市后台权益商品管理中选择一些商品设置为推荐商品。

权益爆款：根据用户兑换的数量由多到少展示，最多展示 15 个商品。

品质优选：根据商品原价由高到低展示，最多展示 15 个商品。

用户可在我的券包查看已兑换的权益，可以根据商品类别、券的使用情况进行分类查看。点击立即使用，可查看使用途径。

河北销售的会员权益打造受到 e 倍客商业模式的启发，双方也尝试开展了联合营销活动。

e 倍客专属优惠平台是北京瓯讯科技旗下主打产品，其与众多国内外一线品牌达成合作，为用户提供吃、购、娱、行等全方位生活服务，目前拥有数百万用户。其主要盈利模式是打包出售消费权益，也就是会员付费。会员付费后可以享受其提供的各类优惠券，例如肯德基、星巴克、电影院等的代金券。

同程旅行	同程机票立减券100元礼包 供货价 ¥0.00 优惠券 链接券	Discovery	Discovery满2799减2000超级满减券 供货价 ¥0.00 代惠券 券码券
京东到家	京东到家V+会员周卡 供货价 ¥0.00 优惠券 链接券	TOREAD探路者	探路者满2399减2000超级满减券 供货价 ¥0.00 优惠券 券码券
天猫超市	天猫超市粮油米面50元优惠券 供货价 ¥0.00 优惠券 链接券	小狗	小狗吸尘器A10 Earl 400元优惠券 供货价 ¥0.00 优惠券 链接券
芒果tv	芒果tv全屏会员55折特惠 供货价 ¥0.00 优惠券 券码券	美团	美团单车30天30次骑行券 供货价 ¥0.00 优惠券 链接券

e 倍客拥有四大产品线，致力于打造一体化生活特权。四大产品线分别是大牌好券、生活特权、优惠影票和本地美食。

大牌好券：500余种大牌好券免费领，充分提升用户价值，可用于用户拉新、留存、转化。

生活特权：为消费者提供美食、商超、交通出行、影音娱乐、果汁茶饮、蛋糕甜品等全面生活服务。

优惠影票和本地美食：为用户提供物美价廉的品质服务。

e倍客的商业模式与河北销售打造会员权益，构建"人·车·生活"生态圈的发展方向不谋而合，也为河北销售丰富不同业态的会员权益提供了良好的启示和资源。双方开展联合营销活动，取得了积极成效。

案例 联袂e倍客，体验再升级

随着生活节奏的日益加快，客户在衣食住行等方面的多元化需求逐渐倾向于"一站式"解决。河北销售为多维度满足客户需求，提升客户消费体验，选择与e倍客开展合作，借助其平台与肯德基、必胜客等大牌的合作优势为客户提供全方位、多层次生活体验。

"您好！欢迎光临！请问有什么能帮助您的？"一对年轻情侣刚一进便利店，营业员就热情的招呼起来。

"我们是想了解一下这个活动。"男子指着店门旁的广告牌说道。

"两位这边请！"

营业员把年轻情侣引导至柜台旁边的展示区，货柜上摆放着各式各样的宣传彩页和活动门店分布图，并对购物消费体验券的使用方法进行了注解。年轻情侣随手拿起了两张宣传彩页，一边浏览一边听着营业员讲解。

e倍客是一家一站式生活消费服务平台，获得超过10万商家的鼎力支持，与众多国际一线品牌达成合作，涵盖衣食住行等诸多门类，覆盖全国近400城市，使消费者在享受便捷服务的同时，真正得到优质品牌的专享折扣。

河北销售与e倍客合作，一方面是为了有效弥补自身资源不足，在满足加油站客户核心需求的同时，有效整合购物优惠等资源，全方位满足客户需求。另一方面则是为卡储值客户，增加线上生活及购物消费体验券促销活动。

"为了提升客户的消费体验，此次活动在开展日常储值送油券或非油券的基础上，额外赠送客户各品类生活权益券。"营业员详细解释道。

"您二位非常适合七夕主题的这项活动。"

"七夕"主题促销，客户线上储值770元，赠送770元优惠券。其中，便利店50元减20元优惠券3张，e倍客生活权益券710元，权益券突出情侣和学生升学主题，以双人餐、运动服饰等品牌优惠券为主。

此次合作，河北销售做了充足的准备工作。

首先，除了前期调研、沟通，河北销售精选优惠幅度高于其他平台且知名度较高、客户相对认可的大牌时尚优惠券。通过赠送日常人气更高的肯德基、麦当劳、星巴克、视频会员等生活权益券，为客户提供最佳的消费体验感。

其次，年轻人的个体消费能力更强，对于品牌的选择更有自身的独特主张，与e倍客合作，不仅可以持续提高卡客户消费黏性，也能增加一部分消费能力更强的用户。

最后，客户越来越重视售后服务保障工作，河北销售建立了中国石油与 e 倍客双重售后服务机制，并对客户使用优惠券过程中存在的各项问题及时答疑。

活动期间，河北销售对开展活动的站点逐站进行督导，激发员工营销热情，加大员工线上、线下推介频次和力度，并对客户反馈的问题及时与合作方沟通讨论，制定相应的解决方案，逐步加大生活体验券的辐射广度和深度，尽量满足客户的差异化需求，确保活动效果越来越好。活动累计参与人数达 1 万多人，实现储值 1540 万元，带动非油收入 150 万元、非油毛利 50 万元。

第 7 章

用户全生命周期的数字化生态系统

用户生命周期是一条生命线,是用户从开始接触产品到离开产品的整个过程。用户生命周期管理(CLM)是为用户生命周期的每个阶段分配指标,以分析和监测业务绩效的过程。用户全生命周期的数字化生态系统的搭建就是把用户的行为数据化,找到不同的分层点,然后,评价不同层级的用户价值。

什么是用户生命周期

普遍认为,用户生命周期管理是为用户生命周期的每个阶段分配指标,用以分析和监测业务绩效的过程。用户生命周期是一条生命线,是用户从开始接触产品到离开产品的整个过程。

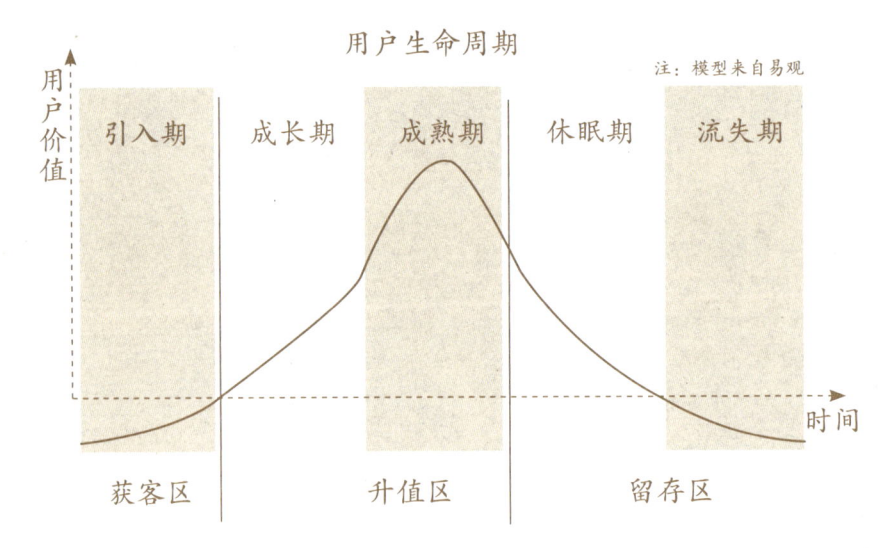

用户生命周期

注:模型来自易观

引入期 成长期 成熟期 休眠期 流失期

获客区 升值区 留存区

用户的生命周期分为:导入期、成长期、成熟期、休眠期、流失期。

导入期可以理解为将市场流量(公域流量)中的潜在用户转化为自家产品(私域流量)的用户的过程,也就是获客阶段;当用户进入产品之后,我们要想办法让用户活跃起来,进入成长期、成熟期,处于这两个阶段的用户是产品的最核心用户,也是最具挖掘价值的用户,这一阶段也被称为升值阶段；用户从成熟期开始，会出现休眠、流失的现象，这一阶段我们称之为留存阶段。不同运营阶段所关注的重点工作如下。

获客阶段：对应用户生命周期的导入期，用户的行为是由流量成为用户，运营的核心工作是获客以及促进新用户的活跃。

升值阶段：对应的是成长期和成熟期，对应的用户行为是在消费活跃并持续留在产品内，运营的核心工作是促进用户活跃、转化、付费、制造留存。

流失阶段：对应的是休眠期和流失期，对应的用户行为是离开产品、停止使用，运营的核心工作是对即将流失用户做好安抚工作或者新产品的转移工作。

怎样做好用户生命周期管理

要管理好用户，必须关注两个维度：一是每个用户都可以被监测、被评估；二是企业可以影响每个用户的心理，驱动每个用户的行为。

因此，用户运营可以理解为对用户生命周期的管理。

如何监测和评估一款产品的平均单体用户价值

在实际的运营中，我们可以通过 RFM 模型（最近一次消费、消费频率和消费金额）去定义，也可以通过 AARRR 模型（Acquisition、Activation、Retention、Revenue、Referral）去定义，主要方式都是把用户的行为数据化，找到不同的分层点，然后，针对不同层级的用户评价其价值。

本书借鉴业内方法，用一个更加直观的方式，基于以下两个维度对用户价值进行监测和评估，即：消费频次；是否有直接的消费行为。

第一象限，用户会直接付费，使用频次高。如饿了么、摩拜单车，用户价值主要体现在使用频次、使用时长、收入情况。

第二象限，用户会直接付费，使用频次低。如携程旅行，用户不会每天打开，但是有需求的时候，会直接买单。用户价值主要体现在收入上。

第三象限，用户不会直接付费，使用频次低。

第四象限，用户不会直接付费，使用频次高，如脉脉、今日头条，用户主要价值体现在访问频次和使用时长上面。今日头条之前公布的日平均用户使用时长达到了60多分钟，这对他们来说就是用户价值。

区别于具备社交属性、高频率使用属性的微信、抖音等，河北销售的营销工具属于第二象限，加油的客户不会每天长时间登录APP查看内容，而且公司营销工具中的内容不支持客户长时间使用，客户仅会在需要的时候直接买单。需要在延长客户使用APP时间上下功夫，可以丰富APP的功能，比如增加游戏性的功能区。

消费频次和是否有直接消费行为这两个用户价值的监测和评估维度，核心是对用户行为的数据化评价。我们可以结合企业的实际业务情况去设置指标，了解用户的行为，这样我们可以监测、评估、量化每个用户的价值。

如何驱动用户价值的提升

驱动用户价值提升主要有两个方向，一是提升单体用户价值；二是延长用户生命周期。其实这两个方向是我们研究用户生命周期模型，对用户生命周期进行管理的本质，也是提升企业用户运营质量的核心。

是不是所有的用户都会经历完整的用户生命周期呢？答案是否定的，虽然从整个产品的角度，不同的用户分布在不同的阶段，但是对于单体用户而言，他可能进入导入期后就直接流失了。因此，对用户每个阶段的引导和运营都至关重要。

是不是所有的产品都需要做用户生命周期管理呢？答案也是否定的。如果一个刚刚产生的产品，用户量不大，那么一般可以不做用户生命周期管理。从供需角度讲，供不应求的产品一般也不用做用户生命周期管理；而供大于求的产品一般都需要做用户生命周期管理，以聚集稀缺的用户资源。

比如，茅台酒的APP作为市场上可以平价买到茅台的重要渠道，市场供应紧缺，需求量大，用户会在利益驱动下主动进入并保持活跃。这样的产品，一般也不需要做用户生命周期管理。而像淘宝、京东、拼多多等电商平台，他们的价格、宣传、优惠、活动等，在很大概率上都会影响用户的选择，为了牢牢抓住稀缺的用户购买力，这些产品都会在用户生命周期管理上投入大量的精力和财力，对用户进行精细化运营。

如何搭建用户生命周期模型

搭建用户生命周期模型，本质就是根据用户发生的行为，找到用户所处的生命周期阶段，然后据此开展精细化、差异化的运营工作。

搭建用户生命周期模型一般分为以下3个步骤：业务逻辑梳理；找到影响用户留存/消费的关键功能；定义各阶段用户行为。

我们以分析脉脉为例：

（1）脉脉的核心业务逻辑如下。

在社交产品普遍大而全的情形下，脉脉APP建立了传统在线招聘平台所不具备的社交属性，搭建起了一个基于职场的全新生态，被会员形象地称为"大厂的茶水间"；另一方面，在人脉拓展、行业动态、求职招聘、专属会员四大基础功能之外，通过产品迭代创新，搭建起了实名动态沟通平台、职业信用认证体系，打造了"先看点评，再找工作"雇主品牌建设等服务产品。可以说，"实名认证+匿名社区"这一模式，让脉脉成功登顶中国最大的职场社交平台，走出差异化竞争道路。

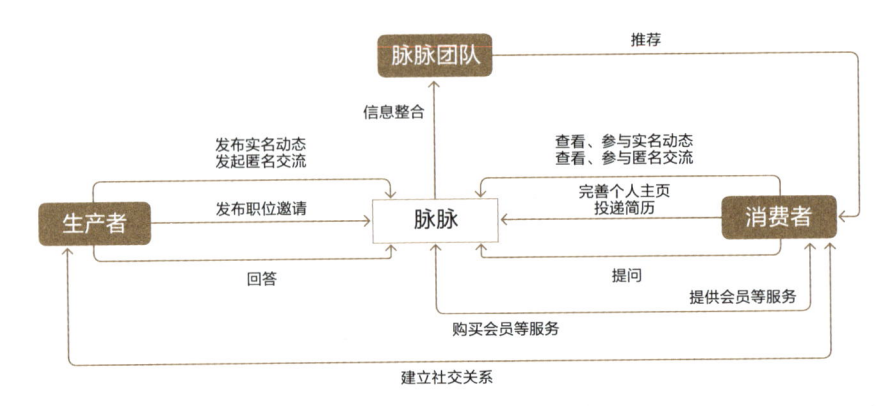

```
                          脉脉团队  ←——推荐——————————┐
                            ↑                          │
                       信息整合                          │
          发布实名动态         │    查看、参与实名动态      │
          发起匿名交流         │    查看、参与匿名交流      │
              ┌──————————→ ┌───┐ ←——————————┐          │
              │   发布职位邀请 │   │ 完善个人主页  │          │
     ┌─────┐  │ ——————————→│脉脉│←—— 投递简历  │  ┌─────┐ │
     │生产者│←─┤                                  ├─→│消费者│─┘
     └─────┘  │     回答     │   │    提问       │  └─────┘
              │←——————————│   │←——————————   │
              │              └───┘    提供会员等服务  │
              │←————————购买会员等服务——————————│
              │←————————建立社交关系——————————│
```

（2）可能影响用户留存/消费的关键功能。

根据核心业务逻辑图，用户端分为生产者和消费者。我们站在消费者的角度，影响脉脉消费者留存和消费的关键功能是：投递简历、消费内容、建立社交关系、购买会员。

（3）定义各阶段用户行为。

我们先看一下行业内通用的用户行为定义的模板：

用户生命周期	用户行为特征	用户类型
导入期	已描绘出对产品有需求的用户画像，通过适当的渠道已经触达，但未产生注册、下载等行为的用户 尝试使用，但并未采集用户信息的用户，比如正在试用的用户	潜在用户
	已完成下载、注册，并在当日活跃，但尚未进入留存阶段的用户	新用户

续表

用户生命周期	用户行为特征	用户类型
成长期	使用特定功能，满足活跃条件的用户	活跃用户
	养成习惯，一段时间内保持活跃的用户	留存用户
成熟期	完成付费转化且未流失的用户	付费用户
休眠期	一段时间内不活跃，但仍可尝试召回的用户	沉睡用户
流失期	已卸载APP的用户 一段时间内不活跃且无法召回的用户	流失用户

根据上述模板，结合定义的影响用户留存/消费的关键驱动功能，可以做如下定义：

用户生命周期	用户行为特征	用户类型
导入期	有求职需求，且正在使用其他求职类产品的用户 即将步入职场或有职场困惑的用户，希望看到他人的经验 喜欢社交的用户 在微信朋友圈等第三方平台看到脉脉里的一篇文章	潜在用户
	已完成注册的用户	新用户

续表

用户生命周期	用户行为特征	用户类型
成长期	首次登录，并在个人主页补充完善个人信息的用户 在一定时间内关注某个行业人脉的用户 上传并完善个人简历，并投递岗位的用户 发布消息的用户	活跃用户
	持续登录的用户	留存用户
成熟期	购买会员的用户 购买其他用户提供的服务的用户 每天使用达到一定时长的用户	付费用户
休眠期	距离上一次活跃已过去一段时间的注册用户	沉睡用户
流失期	已卸载用户 距离上一次活跃已过去较长时间的注册用户	流失用户

如何围绕用户生命周期，提升单体用户价值

首先要明确，我们要提高哪个阶段的用户价值呢？相对导入期、流失期的用户，成长期和成熟期的用户更值得提升，这一阶段的用户相对稳定，体量庞大，他们的行为

主要是活跃、转化、付费和留存。

以脉脉为例。通过数据收集发现，关注 10 个行业人脉的用户即处于成长期，那么，我们就可以针对未到达成长期的用户做关注人脉行为的引导。找出用户定义的数据节点，并通过在相应的节点制定运营策略，完成用户引导。具体步骤如下：用户行为路径梳理；数据定义/数据收集；通过数据找到发力点；完成用户引导。

用户行为路径梳理

仍然以脉脉为例，进行典型用户行为路径梳理。在脉脉内，一个用户从导入期到成熟期典型使用路径有如下 2 种：

用户注册→完善个人主页→上传简历/完善在线简历→搜索职位→投递简历→添加招聘方为好友→购买会员→添加更多人脉；

用户注册→完善个人主页→添加行业人脉→查看动态→发布动态→购买会员→添加更多人脉。

数据定义/数据收集

我们需要哪些数据呢？

一般解决用户从 A 阶段到 B 阶段价值提升的问题，需要先筛选出 B 阶段的用户，再获取 B 阶段用户的以下数据：典型用户使用路径的相关数据，用户基础数据，比如：用户的性别、职业、年龄、地区、爱好等；用户行为数据，判断产品内哪些模块可能会影响用户的后续行为。

除获取数据，还可以参考用户渠道来源数据、业务数据等进行数据分析。

通过数据分析找到运营发力点

数据分析的关键思路：

用户从 A 阶段到 B 阶段，哪条路径更优？

从 A 阶段到 B 阶段，大部分用户符合什么特征？

从 A 阶段到 B 阶段，大部分用户是否发生过一些相同行为？

从 A 阶段到 B 阶段，是否受到不同渠道来源影响？

结合数据定义/数据收集和数据分析的几个关键思路，以某平台为例，得到以下结论。

（1）通过对平台 10 万用户的数据分析，发现走完路径 1 的用户有 2 万，走完路径 2 的用户有 8 万，那么，可以初步判断，用户从 A 阶段到 B 阶段，路径 2 更优。

（2）再看大部分用户符合什么特征。通过基础数据进行分析，发现处于成熟期的用户，男女比例为 7∶3，男性中 22~30 岁占比 70%，互联网从业者 75%。

（3）投递过 3 次简历的用户，会员购买率为 89%，站内会员平均购买率为 21%；发布过 10 条消息的用户，购买其他用户服务的占比为 70%，站内服务平均购买率为 11%。

完成用户引导

基于上述数据，设计相应的策略，对用户进行引导。需要强调策略和手段的区别：如果是一套机制和规则，就是策略，否则是在策略支撑下的具体手段。

以上述找到的可发力点为例：

（1）路径 2 更优，我们的核心策略是加强在路径 2 各个节点对用户的引导，具体引导的手段可以是推荐更多精准的用户和优质的动态等。

（2）针对投递过 3 次简历，会员购买率更高，更容易到达成熟期，我们的核心策略有两方面：一方面是大力引入 B 端招聘数量，另一方面是面向 C 端求职者更加精准的推荐，具体的手段可以是增加 B 端入驻福利、给求职者一对一服务等。

（3）男性互联网从业者多，我们的核心策略是加强同类属性用户的获取和运营力度，这样可以更容易提升产品的整体收益。

如何做好用户流失预警机制，延长用户生命周期

延长用户生命周期，业内一般通过两种方式：一是提前采取措施，预防用户流失；二是针对已流失用户，做用户召回。

如何预防客户流失？我们需要一套机制化、自动化的规则，让系统根据用户可能流失的特征进行判断，及时采取用户触达、反馈等方式，尽可能挽留用户。

流失客户如何召回？我们也需要设计一套系统自动判断并实现触达的规则，通过给予流失客户回归奖励的方式，引导用户重新关注并使用产品，提升活跃度。

下面我们主要讨论如何预防用户流失，并设计一套用户流失预警机制。对用户的流失情况进行分析，其目的是为了挽留可能会流失的用户，提升效益。用户流失预警分析，就是使用数据仓库、数据挖掘等综合分析方法，对已经流失的用户在过去一段时间内所消费、浏览、咨询等数据进行分析，提取出已经流失或有流失倾向的用户所具有的行为特征，建立用户流失的预警模型，并将该模型广泛应用于实际的用户服务中，及时预测潜在流失用户，并提前采取相应的市场营销措施和手段。

业内认为，流失预警机制设计一般分为以下 4 个步骤：流失用户定义；分析流失预兆；设立预警机制；完成用户引导。

流失用户定义

我们首先要对流失客户定义，才能针对未流失用户进行相应的流失预警。定义用户是否流失，业内一般从两个维度进行评价，分别是用户行为和时间。

（1）用户行为。

什么样的行为可以定义用户流失了？我们要根据一款产品的基础功能和核心功能综合评价。这里以一些产品为例。

理财产品，其核心功能是理财，用户将资金投入到标的中去，当用户停止了这个行为，我们猜测用户可能将要或者已经流失。有些用户每天都会来 APP 内，查看有哪些收益率比较高的理财产品，看完之后就退出了，并没有进行投资。因为没有满足用户收益率预期的标的，我们将这部分用户称为"沉睡用户"或"休眠用户"。用户没有离开或卸载 APP，但如果不及时挽留，或者用户发现其他更高收益的理财产品，就会成为流失用户。

工具产品，如 QQ 邮箱，其核心功能是收发邮件，但是我们判断流失用户行为的方式可能不需要查看用户在核心功能上的操作，因为不论是收邮件还是发邮件，都需要登录邮箱，因此我们可以通过分析用户的登录行为来判断用户流失情况。

电商产品，如京东商城，用户登录账号后，每次打开APP不需要重新登录，就可以在首页看推荐好物，没有购买行为就关闭了APP。我们可以基于用户的付费行为，来判断用户流失情况。

内容产品，如今日头条，用户每天早上都会看一下自己关心板块的文章，突然不访问了，那我们就可以判断为用户流失情况。

（2）时间。

当我们选定了判断流失用户的关键流失动作后，需要关注这个动作发生的时间。以京东商城为例。用户没有发生付费行为，就定义该用户已经流失了吗？多久之后还没有发生首次付费或二次付费的用户才是流失用户？

业内还关注一项指标：回访用户，即用户流失后，再次访问的用户。对于用户流失时间，有业内学者认为：用户回访率在5%~10%区间，这个区间对应的时间或更长时间没有回访的用户，可以定义为流失用户。其中，用户回访率＝回访用户/流失用户 ×100%

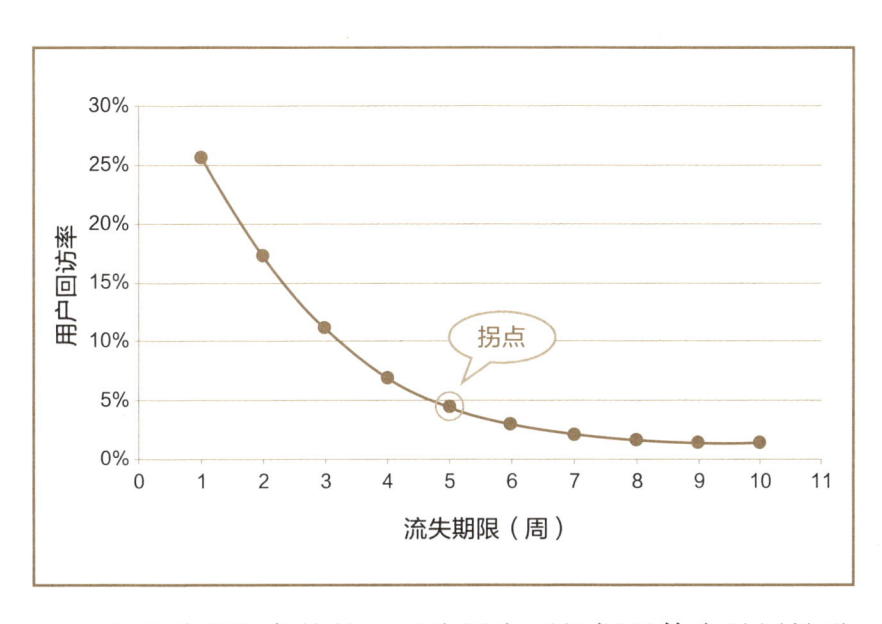

这里需要注意的是，回访用户要根据具体产品属性进行判断。比如，对于工具类产品，回访用户指的是登录；对于理财类产品，回访用户指的是投资；对于社交类产品，回访用户指的是互动；对于内容型产品，回访用户指的是访问。

分析流失预兆

流失预警机制是指针对未流失用户做好流失预警，避免用户流失。针对已流失用户进行研究分析，找出他们流失前的共同点，如果当前的活跃用户出现相似征兆，则需要触发流失预警机制。

业内常用的分析流失预兆的方法如下：

确定流失用户，分析用户流失前的行为；假设用户流失的影响因素；通过访谈，明确用户流失的行为路径。

分析流失用户流失前的行为，一般可以从以下几个方向进行数据分析。一是用户流失前发生了哪些类似的行为；二是流失用户是否集中在某一渠道；三是流失用户的属性是否有相似性；四是用户流失前，市场、政策、产品、运营策略是否发生某些变动。

我们以业内一家用户拉新做得比较好的企业为例。

首先，分析流失用户流失前的行为。以该企业成长期用户为例，如下图所示，该企业成长期用户占比为30%。

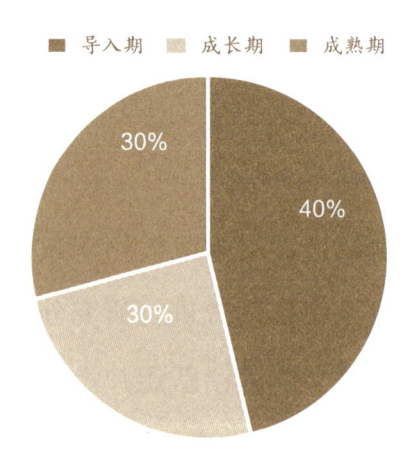

■ 导入期　　■ 成长期　　■ 成熟期

30%　40%　30%

成长期各渠道流失占比如下图所示。

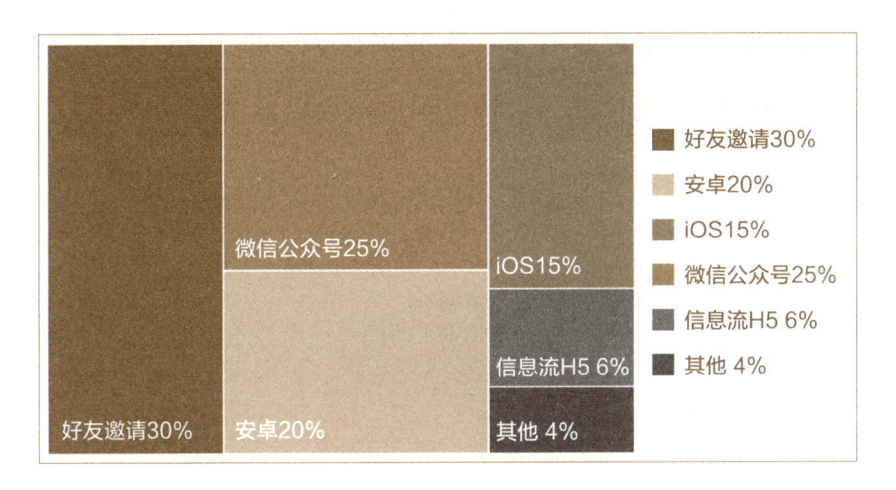

好友邀请30%
安卓20%
iOS15%
微信公众号25%
信息流H5 6%
其他 4%

虽然该企业一直以裂变效果好著称，但裂变邀请好友存在的弊端就是，好友为了配合你领红包而注册使用某企业，忠诚度较低。所以，好友邀请这个渠道带来的用户，流失率达到30%，其次是微信公众号软文投放带来的用户，流失率达到25%。

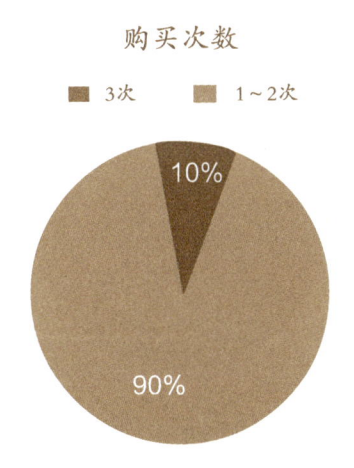

购买次数

3次　　1~2次

10%
90%

处于成长期的用户，购买次数达到 3 次的用户只有 10%，90% 的用户只有 1~2 次购买行为，也就是刚刚进入成长期，后续没有进一步转化到成熟期就流失了。

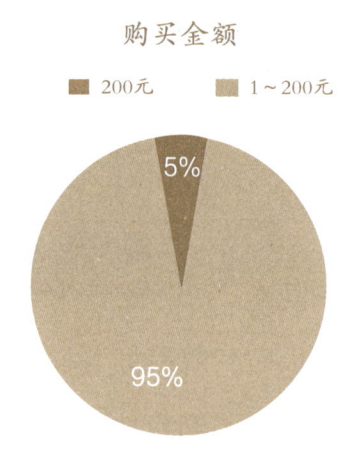

购买金额

■ 200元　■ 1~200元

- 5%
- 95%

处于成长期的用户，购买金额达到 200 元的用户只有 5%，95% 的用户只有 1~200 元的购买金额。

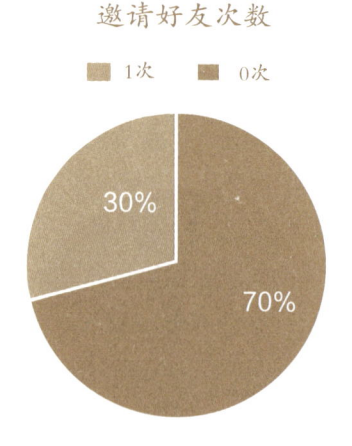

邀请好友次数

■ 1次　■ 0次

- 30%
- 70%

作为该企业最强福利模块，邀请好友可以带来显而易见的实惠，但是我们发现：成长期的用户，主动发起邀请好友行为的用户占比仅有 30%，且只有 1 次，70% 的用户未发起过任何邀请行为。

基于以上数据图表分析，我们可以得到用户流失的影响因素：

（1）好友邀请渠道带来的用户流失率高达 30%，说明用户忠诚度不够，易流失；

（2）90% 的用户购买次数只有 1~2 次，说明用户未养成购物习惯；

（3）95% 的用户购买金额不到 200 元，可能是用户对产品需求偏弱或对平台信任度偏低；

（4）70% 的用户未发起过邀请行为，可能是活动引导或激励程度不够。

通过访谈，明确用户流失路径：找到流失用户，直接进行访谈，判断用户流失路径。访谈这一部分，属于用户研究的工作，但是我们仍然可以了解一些工作方法，这里简单说明用户访谈的步骤。

（1）收集产品内外部信息，判断外部环境是否发生变化。产品是否发版？是否有运营活动上线？是否有负面新闻？行业监管是否变化？

（2）制定方案，明确访谈目标、对象、流程。

（3）方案落地实施，可以邀请用户到公司进行访谈，可以通过线上问卷形式进行信息收集，也可以通过电话甚至竞品分析等形式对流失路径进行分析。

我们可以将分析出的问题，通过小范围、人工的形式去验证。如果被验证是对的，可以逐渐系统化。

设计预警机制

根据上述得到的流失用户定义，以及流失用户在流失前的行为，就可以设计预警机制了。

预警机制在不同公司的体现形式不同，主要还是基于业务规模和业务类型进行设计。如果是一家刚成立不久或者业务快速变化的公司，可能不需要设计预警机制，只要做好用户流失预警就可以。如果业务具备一定的规模或者业务已经成熟稳定，除了做流失预警，还需要搭建一套自动化预警机制，避免手工工作量太大，效率太低。

根据流失前用户的行为指标，分别对这些指标赋予相应的权重并计算，当高于设定数值时，系统定义该用户具有流失风险，要么自动触发，要么将名单传输到运营者手里，通过人工召回。

预警最好可以分等级执行，仍以上述某企业为例，成长期的用户流失前，90%的用户购物次数只有1~2次，流失时间假设是20天之后。

那么，当用户在 10 天的时候，如果购物次数保持在 1~2 次，可以基于用户购买或浏览行为为用户进行更精准的推进；12 天的时候，如果购物次数仍然保持在 1~2 次，可以在推荐的基础上，给用户发放折扣券或进行商品返现；如果 15 天的时候，用户还是只购买过 1~2 次，可以进行人工客服电话召回，告知用户现在针对该用户有一个优惠券等在账户里，2 天内有效，可以使用；如果 18 天的时候，还是 1~2 次，那么可以提升对该用户的 Push、短信频次，并加上感召性的文案。如果超过 20 天仍然只有 1~2 次，我们认为该用户已经流失，可以按照流失用户的标准进行日常召回。

业内认为，流失预警机制，可以有两种呈现形式：

（1）取数系统。系统每日导出名单，通过运营的定制化触达用户；

（2）自动触达系统。系统根据判断筛选自动触达客户，这样可以提升效率。只有在分等级触达实在无法召回的情况下，才会将名单导出给运营者，进一步进行电话、用户回访调研等，提升召回的概率。

完成用户引导

企业搭建了流失预警机制，也就完成了用户引导，但是针对用户引导制定怎样的策略是一个很重要的环节，值得单独讨论。

预警机制的核心还是怎样留住用户，因此，分辨出谁是流失用户、流失用户的特征是不够的。具体怎样触达，触达的内容、渠道、形式才是用户引导的核心。

河北销售用户全生命周期管理

导入期做好全方位裂变拓客

河北销售在会员体系上线初期，考虑会员对"油瓜子"接受程度，通过线上线下、站内站外、异业合作等方式制定专项措施，全方位做好会员裂变拓客。

案例 老客户"以客引客"拉新优惠

活动一：推广自用省钱、分享赚钱的拉新理念，在被邀请人注册会员且首笔消费汽油满200元以上，赠送邀请人2个通用"油

瓜子"返利，每人每月通过拉新最多获得 10 个"油瓜子"返利奖励。

活动二：借鉴老客户拼团拉新优惠模式，开展限时拼团拉新，实现会员裂变增长。

成长期提升用户活跃度

河北销售针对成长期用户，通过多种方式提升用户活跃度，养成用户消费习惯。

案例一 "油瓜子"签到功能

公司在"中油好客e站"APP 的会员中心页面，设置了"连续签到有好礼"功能，连续签到 10、20、30 天即分别可获得 5 元、10 元、15 元汽油电子券一张。用户可设置自动提醒功能，引导用户每日登录 APP 的习惯。

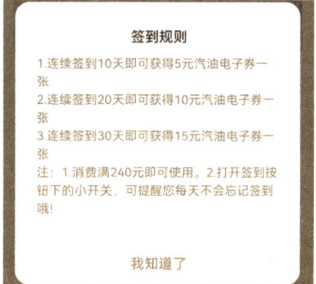

案例二 种"油瓜子"功能

每个用户首次进入活动页面后免费获得 1 株向日葵幼

苗，通过给幼苗浇灌加油能量包将其培育成向日葵，结出"油瓜子"。用户每日进入活动页面可免费领取10个能量包；消费汽油可在活动页面领取对应油品的能量包。向日葵结出"油瓜子"后，点击即可领取，并继续培育油瓜子。

成熟期做好用户价值提升

河北销售针对成熟期用户，重点做好用户的拜访和维护，加油站每月制定客户拜访计划，落实实地拜访、电话拜访等措施，了解客户需求，做好用户价值提升。

> **案例**

中国石油河北销售保定分公司每季度筛选当季加油5次以上、8次以上用户，分别为用户派发一张满50元减10元、满50元减15元的便利店满减券，引导成熟期油品用户关注非油便利店商品，提升用户价值。

休眠期做好沉睡用户激活

针对定义为低频或濒临流失用户的消费促销，可设置触发规则，赠送一定数量或金额的"油瓜子"或电子券，规定一定期限内的参与上限次数，控制赠送数量，通过定向激励，实现用户消费的提高，进而达到挽留用户的目的。

> **案例**

中国石油河北邯郸销售分公司针对半年内常在邯郸地区加油，年消费频次在1~8次，汽油年度单笔消费金额在100~200元，且会员渠道为微信、支付宝等平台的非卡汽油用户，通过派发汽油电子券、"油瓜子"，进行精准用户挖掘。此客群通过短信营销触达后，综合消费能力较活动开展前大幅提升，总消费次数较活动前提高15%，总消费升数较活动前提升24%，总消费金额较活动前提升47%。

流失期做好流失用户挽回

河北销售将3个月以上未到站消费用户视为已流失客户，可利用客户关系管理系统逐站筛选出90~365天未消费用户，利用大数据平台一键派券功能，针对目标用户同时推送短信、电子券。同时，片区组织加油站对流失用户实施100%电话回访，制定统一话术，了解用户流失原因，提升流失用户挽回率。

案例

2021年初，石家庄地区受疫情影响，汽油重点站销量下滑严重。为快速提振汽油销量，促进用户回流，河北销售选取和平东路1站等15座市区、县城汽油重点站开展流失用户挽回活动，每月筛选加油站90天未消费的客户，派发满200减20元的汽油电子券2张，并给用户发送短信。通过积极营销，共派发电子券20000余张，核销率达到24.1%，带动汽油纯枪销量增长约145吨。同时，加油站引导核销挽回券的用户参加储值优惠活动，锁定用户更多消费。此活动既实现了流失用户的挽回，也用较小的营销成本实施了精准营销，实现了量效齐增。

第 8 章

"千人千策"精准用户画像

客户是企业的生命,企业在决定未来的发展方向时,需要对客户群体做深层次的分析和了解,根据用户群体的特征来设计新的产品、策略和服务,并且规划接下来的方向。因此对于企业来说,做好用户画像的分析是十分有必要的。做好用户画像直接的作用就是让我们了解用户,这样才能获取用户更多潜在价值。

用户画像是什么

用户画像概念最早由交互设计之父艾伦·库伯提出，即用户信息标签化。构建用户画像的核心任务是给用户贴标签，而标签是通过分析用户信息获得的高度精练的特征标识。实现用户画像，需要结合具体业务，通过对标签数据进行采集与分析制定出相应的标签数据集。

用户画像研究，即以用户对某类产品的关注点为中心，了解用户真正的使用动机、需求，分析各个维度上表现的行为信息，以建立用户模型。该种思路建立起来的用户画像模型，可以高效、直观地了解受众用户究竟如何看待产品，以及有哪些需求。基于产品研究的用户画像，可以对用户、产品二者的交互关系进行分析。

在给用户打标签的过程中，需要注意哪些信息是有效的。例如，针对女性用品，设置性别标签则是无意义的。用户画像需要根据产品和服务来确定标签的选项。常见的有产品用户画像、品类用户画像和品牌用户画像等。

用户画像怎么构建

构建用户画像是为了还原用户信息，因此用户画像构建是以消费者数据为核心，通过网络大数据与计算机技术提取标准化用户标签信息。

收集客户信息。收集足够多的用户信息，才能让数据更加真实、有效。我们需要根据企业的不同产品和服务来设置不同的用户标签。在收集客户的信息时需要考虑到信息的完整性。我们不仅要收集客户固定的信息，同时还需要收集客户不断变化的信息。例如：客户的地址会产生变化，年龄会增长，爱好也会变化等。

对用户信息进行有效分析。分析用户的信息看似简单，实际上需要花费很大的精力。除了要提炼用户的信息，同时要筛选无效信息，再对重要信息进行分析，从而完成完整的用户画像。不仅如此，我们还需要对用户数据的来源进行分析，确保用户画像的准确性。

对用户画像进行不断升级。用户的某些信息是不断变化的，市场和消费方向也是在不断变化的，因此不断更新升级用户画像是十分必要的。用户画像分析不是一劳永逸的，需要企业不断完善和丰富。

用户画像的内容有哪些

用户属性。用户属性实际上就是指用户的一些基本信息，如年龄、性别、职业等。尤其是用户性别这一属性，其中包含了自然性别及购物性别。自然性别指的是用户的实际性别，可以通过一些注册信息、调查问卷等途径来获得；而购物性别指的是用户购买某种商品时的性别取向，例如一个实际性别为男性的用户，但却经常购买带有女性特征的商品，则其购物性别就为女性。

用户行为。通过用户的行为表现，我们可以挖掘出用户偏好和特征。通常情况下，营销者对于用户行为的分析包括：订单相关行为、下单行为、访问行为、近30天行为指标、活跃时间段、购买品类、点击偏好、敏感度等。

用户消费。用户在消费时会产生很多行为，例如浏览、加购、下单、收藏、搜索等，通过对客户消费过程进行分析，可以将客户所喜爱的商品品类进行细分，再借助大数据技术将更加精准的商品推荐给用户，提高下一次消费的转化率。

风险控制。考量用户在平台消费时可能会产生的风险。例如，目前很多互联网企业都会遇到恶意刷单、欺诈、利用漏洞"薅羊毛"等行为，企业为了防止造成损失，都会对这类用户实施有效监控，构建相关的指标体系。一般可以从账号风险情况、设备风险情况等方面入手。

社交属性。要想为用户提供更加个性化的服务，就不得不关注用户社交属性，包括其家庭成员、社交关系、偏好、活跃度等。比如我们日常在使用一些社交软件时，经常可以结合个性化特征来推送相关广告。针对用户对于商品的偏好，构建一系列的营销场景，以此来激发用户的潜在需求。

用户画像能干什么

知己知彼，方能百战不殆。用户画像是大数据的核心组成部分。业内认为，通过用户画像，企业可以实现以下6点：

精准营销。也就是将营销由粗放式管理到精细化，通过用户画像将用户群体进行细分，通过短信、推送、邮件、活动等手段，驱以关怀、挽回、激励等策略，实现精细化运营和精准营销。这就避免了普惠营销的浪费，而且可以针对某次活动的拉新用户进行分析，评估活动效果，看是否和预期相符。

数据应用。用户画像是很多数据产品的基础，比如耳熟能详的推荐广告系统。广告投放基于一系列人口统计相关的标签，例如性别、年龄、学历、兴趣偏好、手机等。

电商网站为学生推荐电脑，为准妈妈推荐婴儿用品，为摄影爱好者推荐镜头等摄像用品。在个性化推荐中，计算出用户标签是其中一环，还需要有协同过滤等推荐算法实现物品的联动推荐。

广告可以根据用户的年龄、区域、人群、天气等成千上万个"标签"进行精准投放。例如腾讯的微信朋友圈广告、中国移动的短信营销等。

数据分析。用户画像可以理解为业务层面的数据仓库，各类标签是多维分析的天然要素，数据查询平台会将这些数据共享。

产品设计。有价值的用户评价是产品设计、优化的重要参考标准，企业可以依据不同用户群特性进行产品设计和测试验证，以便让产品符合核心用户的需求。

匹配度判断。企业可以查看某次市场推广的用户画像，分析活动效果是否和预期一致，判断推广渠道和产品目标用户群的匹配度。

用户分析。产品早期，企业一般通过用户调研和访谈的形式了解用户。在产品用户数量扩大后，调研的效用降低，这时候就需要辅以用户画像。以此了解新增的用户有什么特征、核心用户的属性是否变化等，作为优化决策的重要依据。

河北销售如何让"千人千策"变成现实

河北销售通过对加油站海量数据的深度挖掘、智能处理和关联分析，将当前用户划分为新开发用户、忠诚用户、游离用户、流失用户四大类。在属性和行为两大标签类型下，利用其中的 300 多个小标签，任意组合不同形式的用户类型。标签组合的越多，所筛选的客户范围越小，匹配营销活动就会更加精准。千余种营销套餐，通过会员消费、积分返利、消费"体验官"等形式的精准营销，从传统"一站一策"向"千人千面"数字化营销转变，活动目标性强、快捷有效、节约费用。

目标主体	一级标签	二级标签名	标签内容
用户	基本信息	基础信息	是否线上会员、是否卡客户、会员渠道、注册时间、绑卡数量、性别、生日、年龄
		加油卡信息	开卡省份、开卡地市、开卡片区、开卡站点、卡余额、卡积分、持卡时长、客户等级、卡种类类型、是否第一张卡
	油品交易	客户状态	汽柴油客户属性、客户分类、客户生命周期、客户流失模型、价格敏感度、加满率
		交易量	年消费频次、年度油品交易金额、年度油品金额交易等级、单笔消费升数、单笔消费金额、单笔最小加油量、单笔最大加油量、月均消费频次、月均消费金额、月均消费升数
		时间偏好	第一次交易时间、最近一次交易时间间隔、最近交易日期(油品)、平均购买间隔、一周最大加油日、加油偏好、最大日加油频次
		地点偏好	最常去加油地市、最常去加油站点、最近一次消费片区、最常去消费片区、最近一次加油地市最近一次加油站点

续表

目标主体	一级标签	二级标签名	标签内容
用户	油品交易	油品偏好	消费频次最高油品品号、最近一次加油品号、最近一次支付方式、最常用支付方式、是否使用移动支付、是否采用不下车加油
	非油品交易	购买量	年度非油交易金额、上月非油交易金额、月均非油交易次数、单笔最大消费金额、非油折扣率、平均单笔消费金额
		地点偏好	最经常购买非油商品加油站
	充值积分	充值量	年度首次充值金额、年度最近一次充值金额、年度最近一次充值时间间隔、半年内充值周期、半年内线上/线下充值次数比例、积分余额、半年积分消费频次、半年积分消费总量
	优惠习惯	核销及优惠	年度电子券核销金额、年度电子券平均使用率、季度卡折扣金额、季度卡折扣比例、合同类型

例如，针对定期消费一定金额的固定用户，在一时间段内加油达到一定金额或一定升数后，触发活动规则，赠送一定数量或金额的"油瓜子"或电子券，以达到维系用户的目的。

案例

中国石油河北秦皇岛销售分公司针对其部分景区站开展定向专属营销活动——小城助力活动。6月1日至15日活动期间，在指定加油站汽油消费金额达500元，可赠送2张15元汽油电子券，单券满220元可用；汽油消费金额达800元，可赠送2张25元汽油电子券，单券满225元可用；或进行等价值的"油瓜子"返利。通过判定用户加油行为，实现对活动规则的自动触发，赠送的电子券或"油瓜子"均在活动结束后的第二天进行派发。借助暑期景区消费优势，15天活动期间，消费金额大于500元小于800元用户693人，带动汽油增量36吨；消费金额大于800元用户231人，带动汽油增量18吨。通过小范围连站式营销，进一步激活用户消费动力，并锁定用户后期消费。

针对购买非油商品达到一定金额的会员，也可触发活动规则，赠送一定数量或金额的"油瓜子"或电子券，以达到提升油非互促的目的等。

案例

中国石油河北衡水销售分公司依托会员体系功能，为进一步提升非油品销售能力，指定购买包装水饮料满2件可享受"油瓜子"返利的专项促销活动，所赠送的"油瓜子"可用于购买其他非促销类非油商品或加油使用，带动非油品销售提升的同时，可进一步提升油品销售。一个月的活动时间，实现非油赠送3.3万元，带动汽油增量1.32吨，实现油非互促。

通过深度数据功能的挖掘、智能营销平台的运用，精准用户及竞争策略的实施，有效推动河北销售营销施策实现从"粗"到"细"再到"准"的实质性转换。

第 9 章

如何实现会员体系跨界合作"1+1>2"

移动互联网技术的巨大进步，使会员联合营销面临着广阔的发展空间，在这种形势下，具有优势互补关系的企业便纷纷联合起来，实施会员联合营销，针对共同的目标消费群体，联合开发新产品，共享人才和资源，共同提供服务等，从而降低竞争风险，增强企业竞争能力。联合营销最大的好处是可以使联合体内的各成员以较少费用获得较大的营销效果，有时还能达到单独营销无法达到的目的。联合营销不是简单的"1+1=2"，它的最终目标是通过强强联合，达到"1+1>2"的目的。

如何按下跨界合作"加速键"

新消费时代，企业面临的市场环境发生了翻天覆地的变化，"一方独大""一域称雄"已成过往，面对市场格局的变化，更多企业"放下身段"，摒弃"独善其身"，积极"抱团取暖"，这也就是通常所说的联合营销。

联合营销，通俗来讲，就是合作营销，通常是指两个及以上的企业或品牌拥有不同的关键资源，而彼此的市场有某种程度的区分，为了利益进行战略联盟，交换或联合彼此的资源，合作开展营销活动，以创造竞争优势。联合营销的最大好处是可以使联合体内的各成员以较少费用获得较大的营销效果，有时还能达到单独营销无法达到的效果。联合营销的最终目标是通过强强联合，达到"1+1>2"的目的。

移动互联网技术的巨大进步，使会员联合营销面临着广阔的发展空间，在这种形势下，具有优势互补关系的企业便纷纷联合起来，实施会员联合营销，针对共同的目标消费群体，联合开发新产品，共享人才和资源，共同提供服务，从而降低竞争风险，增强企业竞争能力。

越联名越出名。由于联名品牌一般拥有各自的会员体系，互相可以借助会员资源，辅以限时限量的营销组合，具有时效性和新鲜感,有助于实现品牌叠加效应。合作双方在对方的会员体系中会迅速提升品牌知名度,因此受到了不少品牌的青睐。

共享会员体系,有效吸引流量。通过会员体系联名活动,品牌可以共享对方会员体系资源,借助对方品牌知名度,制造营销话题,提高话题热度,借此吸引流量,达到"1+1>2"的营销效果。

促进销量转化,扩大市场份额。在会员体系联合营销中,双方既可能是上下游产品关系,又可能是跨界的不同品牌。因此,合作品牌可以整合对方的会员资源,覆盖更多的忠实客户,扩大双方的品牌知名度和市场份额,以此促成进一步的转化,并最终达到销量上的突破。

提升品牌活力,巩固品牌形象。借助对方的品牌特性和优势,强化自身的品牌形象。有助于实现品牌叠加效应,通过联合营销的新形象,为品牌注入新的活力,提升竞争力。

会员体系跨界合作怎样"抱团取暖"

跨界营销是根据不同行业、不同产品、不同偏好的消费者之间所拥有的共性和联系,将一些原本毫不相干的元素互相渗透，赢得目标消费者的好感，使得跨界合作的品牌能够实现双赢。在拥有各自会员体系的品牌之间，跨界营销的成本费用或由各合作方分摊，或一方出成本费用一方出资源，可有效降低营销投入或扩大营销范围，从而使双方获得单独营销无法达到的效果。同时，通过不同产业间品牌的组合，借合作方产品的知名度为自己增加新的消费者群体，能以品牌的震撼力激活各自的市场。

品牌为什么如此忠爱跨界营销？在与不同领域不同品牌的活动中，如何快速找到话题和热点？如何有效执行跨界营销？破解这些问题，必须要深入掌握会员体系联合营销的原则。

品牌必须匹配。即品牌核心、品牌形象和品牌市场地位的匹配。企业树立自己的市场形象并不容易，一旦选择合作伙伴不当，有可能损害自己的市场形象，得不偿失。有的企业定位高档商品市场，有的企业定位于低档商品市场，这样的联合就不合适。特别是与一个品牌形象不佳的企业合作营销，还有可能破坏自己的品牌形象。也就是说，联合营销最好是知名企业、知名品牌之间的强强联合。如果是强弱联合或弱弱联合，这种联合有可能起反作用。

资源必须共享。资源共享是品牌联合营销的基础。品牌之间开展联合营销，既是为了借助外来资源弥补自身局限，也是为了强化已有的优势资源，形成垄断地位，获得竞争筹码。因此，从市场资源整合角度来看，联合营销所选择的合作伙伴（品牌）必须在产品间、企业间能够形成优势互补，即联合营销的品牌之间必须拥有相互可以利用的资源和市场。

目标必须一致。联合各方要有基本一致的目标消费群体，才容易达到理想效果。品牌之间开展联合营销，最终是为了聚合各自的资源作用于市场，借以实现市场利益。因此，企业间联合营销实现目标消费者一致、销售渠道一致、才能获得较高的销售收益。具有共同的市场目的，联合的品牌才能够统一方向，才能够聚集资源形成市场能量，共同作用于同一渠道、同一市场、同一消费群体，实现利益最大化。

受益必须对等。互利互惠是联合营销最基本的原则，只有合作各方都能得到好处，跨界合作才能顺利进行。品牌选择联合营销，目的无非是销量增长以及品牌提升。市场没有"傻瓜"，双方都能得到好处，自然会协力同心。联合营销博弈的最终结局就是联合品牌间的立场逐渐回归本位，在合作中获得均等的机会。因此，受益均等是会员体系联合营销的重要保障，是合作品牌的心理底线。

油+车企：一场跨越千里的邂逅

移动互联网时代，会员体系联合营销是必然趋势。企业有合作的诉求，但达成合作需要机缘。

2020年9月的一天，河北销售车企客户团队梅组长，组员王某、韩某来到石家庄市润丰物流园，进行了实地走访，寻找客户，销售油品、非油商品。在走访到第二家公司——河北亿兴物流有限公司时，三名客户经理积极向亿兴物流公司左总介绍了公司单位卡的优惠政策、在京沈沿线高速站的优越地理位置，以及服务区可以提供的住宿、餐饮、停车等服务。左总公司的车辆正好途经整条高速，对此非常感兴趣，兴奋之情溢于言表。但此时突然一个电话打断了大家之间的交谈，只听左总生气地说："轮胎坏了，为什么不早点说？马上就要发车去东北了，耽误了到货时间你负得起责任吗？"之后挂断了电话。三名客户经理马上向左总介绍了河北销售提供的轮胎品牌和型号，并立即打电话联系送货业务，前后不到2个小时就把货送到了左总的物流基地。

凭借此次应急供货的表现，双方拉近了业务关系，为后续合作打下了良好的基础。有一次，得知左总需要购买3台卡车，第一时间便想起了几天前到访的客户众凯汽贸有限公司。该公司是经营一汽解放重卡的一级经销商，在中国石油加油站办理卡加油。于是，大家直奔目的地，与众凯汽贸的孙总谈起了卡车销售的意向。很快三方的销售就达成了，兴奋之余，孙总把一汽解放汽车销售有限公司（以下简称一汽解放销售）领导的联系电话推荐给了客户经理。经过多方联系，深入对接后，2020年11月，梅组长和团队成员董某在凛冽的寒风中前往吉林长春这座"北国春城"，通过实地走访当地物流车队，了解了一汽解放销售的相关信息，想办法找到其领导的联系方式。但对方只是对中国石油客户经理不远千里、长途跋涉的拓客精神表示了赞扬，简单寒暄几句后谢绝了对方提出的登门拜访。

对此，他们并没有气馁，而是重新调整了思路，进行了第二次接洽。在通话中，详细介绍了河北境内石太、京昆、大广、沿海、京沈等9个高速站、10个高速口站的优越地理位置，以及可以提供的优惠和服务。当天下午2点，为了趁热打铁，梅组长第三次拨通了对方的电话，要求约见一汽解放销售的总经理和业务副总。电话中谈起了央企之间抱团取暖，银行、保险、车企、油企多方共建共享资源平台，让共享客户得到更多实惠的合作模式，以及共建"人·车·生活"生态圈的战略合作前景展望。

正是对未来的发展愿景让对方找到了共鸣点，对方表示一汽解放销售也在筹备建设未来发展部，主要也想做整车销售后市场的服务以及央企之间的战略合作。梅组长马上鼓起勇气，再次说明想约见相关领导的想法。接下来的事情，变得顺利了很多，客户经理一行人顺利进入到一汽解放销售的招待大厅，并有幸见到了该公司党委书记兼总经理王总。

王总是一位平易近人的领导，他蛮有兴致地讲述了一汽解放的战斗史，并赞扬了石油人的优良传统，铁人精神。在与王总及其公司业务部、销售部、网络部部长进行深入交流后，双方就进一步开展战略合作达成共识。随后，经过实地走访，反复洽谈，逐级对接沟通，河北销售与一汽解放于2021年3月30日签订战略合作框架协议，自此种下了一颗种子，打开了一片蓝海。

车与油本是紧密相连，相互支撑，但车企与油企中间隔着客户这一媒介。河北销售打通这"最后一公里"的成功实践，与其说是一种商业合作模式的突破，不如说是一种市场思维的实践。在多轮谈判中，双方求同存异，共同的利益将双方紧紧捆绑在一起。这期间，公司领导集体决策，客户开发团队反复运作，共同开发了一汽解放联名卡，联合提供给购车者诸多增值、优惠服务，包括金融服务、日常保养、加油赠送非油电子券、加油抽奖赠大礼等，深

第9章 如何实现会员体系跨界合作"1+1>2"

深吸引了购车者。

政策落实后,河北销售在所属11家地市公司开展联动,采用条线管理的业务运行机制,共开发一汽解放经销商、相关物流车队270多家单位。截至2021年底,一汽解放客户在全省消费超1.5亿元,是含金量最高的团体客户之一。

为打消购车者对油品成本顾虑的"最后一公里",双方联合开展了购车节油大赛活动,通过实际对比行驶里程、油耗成本、发动机磨损等,全面对比正规油站、社会经营单位油品成本的性价比,让购车者亲身体验到正规油品的质量优势,也完全消除了其成本顾虑。对车企而言,购车者在购买车辆时,可享受到购车赠油、赠非油商品、赠保养等增值服务;购车者到正规油站加油,免除了劣质油品对机械的损坏,也保障了贷款买车金融服务的长效性,避免了纠纷的发生,实现了对客户的全生命周期管理;对油企而言,扩大了优质客户资源,从源头上将高质量客户纳入囊中,扩大了市场份额和占有率;对顾客而言,享受到车企和油企给予的购车、购油、保养等优惠服务,无论从长远还是短期均实现利益最大化。这场跨越千里的"邂逅",走出了车企、油企、客户三方共赢的新路径。

油+制造企业：患难相助结"联姻"

类似地，河北销售遇到了三一重工集团，一家国内工程机械制造企业的龙头。通过目标设定、专项攻关，成就了一段不寻常的姻缘。

2021年，河南发生了百年不遇的洪涝灾害。7月21日晚20时，客户服务中心客户经理小韩突然接到三一集团梁总的电话："我们三一集团受河南省抗洪救灾总指挥部委托，现急需油品保供车辆支援郑州抗洪救灾一线，由于我没有协调到当地油品保供，所以希望贵单位能够从邯郸准备油品保供车辆支援郑州。"小韩立即将相关情况上报，并

第9章 如何实现会员体系跨界合作"1+1>2"

向领导做了汇报。想客户之所想，急客户之所急，客户中心以最快时间成立了应急援豫保供小组，紧急召开专题会议，就保供措施及实施方案等问题，逐一落实确认。小韩踏上了第一班高铁赶往邯郸与三一重工应急装备事业部的李总汇合，共同赶赴郑州。经过一系列的沟通协调，车队历经坎坷抵达郑州，并与三一重工进行了接洽，第一时间将物资、油品交付到了三一重工的手上。

借助这段机缘，河北销售与三一重工建立了稳固的合作关系，但如何能和这样的重量级企业深入合作，进而扩大合作领域、创新经营、提升效益，是河北销售在推进高质量发展过程中冥思苦想、梦寐以求的事情。可以说，拿下了三一重工，就抢占了工程机械用油的风口和制高点。

双方从全产业链链条上给顾客提供全生命周期服务的角度出发，在顾客购买、后期服务、保养维护等方面制定了一系列增值服务措施。比如：顾客购买机械车辆，三一重工提供低首付与贷款服务；赠油卡、电子券、首次保养服务，引流顾客到油站消费；明确油企主要站点，在购买环节与顾客约定加油渠道；在机械车辆上加装柴油重车OBD（车载自诊断系统）远程控制装置，全天候监督车辆使用情况，确保用油渠道规范。在后期服务方面，提供维护保养优化服务，提供昆仑润滑油品，在油品、润滑油方面实现严格管理，从根本上杜绝了故障纠纷问题的发生，也为资金回款链条的畅通提供了有力保障。

制造企业和油品销售企业的紧密结合，给顾客消费、机械运行提供了一层良好的防护网，将不良油品、安全隐患等问题阻隔在外，是销售模式的一次有效拓展。在这个安全保护罩中，顾客既享受了优质的机械产品、油品、非油品，还有源源不断的增值服务，以及全生命周期的管理和维护，让顾客乐享其中。

油+政府：以公益之名，践行企业社会责任

以政府官方背书实施公益营销是企业树立良好品牌形象的重要途径。河北销售以公益促品牌，以公益创和谐，以公益聚思想，以公益求发展，与省交管局、省文明办联

合开展了"零违法·油奖励"驾驶人自律挑战赛活动，进行了油品公益促销方面的有益实践。同时，河北销售积极融入河北省"旅游强省"战略，创新推动旅游与石油产业融合，实施了"油＋游"营销模式，有力地提升了公司品牌形象。

案例一　"零违法·油奖励"开启公益营销新模式

2022年9月，由河北销售与省交管局、省文明办联合开展的第六届"零违法·油奖励"驾驶人自律挑战赛活动拉开帷幕。此项活动是以社会公益活动为切入口，以加油电子券、"一吨油"奖励方式，正面引导驾驶人自律、自觉守法驾驶。活动一经推出，便引起全省广大机动车驾驶人、中国石油会员客户的强烈反响，得到省内外主流媒体持续关注和宣传报道。

本届活动吸引了近100万驾驶人报名参赛，选手100%注册成为公司线上会员，开通电子加油卡，新客户占比按10%进行测算，活动可新增电子卡客户10万人，大大提升了固定客户与潜在客户的消费体验和对中国石油的品牌认知。

"百日无违章"大赛的"蜕变"之路还要从2015年说起。中国石油河北秦皇岛销售分公司自2015年起开始落地推行

"百日无违章"大赛，首期大赛冠以公益之名，赠送选手不同面值的中国石油加油卡。旨在通过媒体宣传和车友参与提高品牌知名度。活动一经推出，收获了众多车友的大力支持配合。据不完全统计，4个月的赛期，有3000余名车友的积极参与，派发奖品300余份。

"百日无违章"首战告捷，公司进行了经验小结并做下一步安排，所属各油站开展"面对面交流体验"，依靠电台发声促进品牌知名度提升。同时，为不断增进广大车友对

中国石油品牌的辨识能力,在第二季"百日无违章"活动中增加城市穿越赛,将加油站设置为穿越赛打卡地点,在活动站点同步开展"会员日"促销。活动有效促进新客引流、固定客户转化,会员客群显著提升。活动期间汽油日均增量超 12 吨,汽油卡销售比例提升了 13 个百分点。

从公益宣传到进站体验的初步尝试小有收获,深挖品牌价值与影响力的全面开发成为必然。2017 年,河北销售推广本次活动的先进经验,积极延伸拓展,将活动覆盖至全省,举办了首届全省范围内的"零违法·油奖励"驾驶人自律挑战赛活动。活动精准定位驾驶人客户群体,以奖励的方式,正面引导驾驶人自律、自觉守法驾驶,同时,依托中国石油加油站网络和各级交管部门共同推广,取得积极成效。

2017年至2021年的五年间，河北销售成功举办五届"零违法·油奖励"活动，累计共有超过400万人次通过参与活动或朋友圈推广而获得中国石油提供的加油电子券奖励，50名"零违法"驾驶人获得"一吨油"大奖。活动参与人数逐年递增15%，年均带动纯枪汽油销售2000余吨。因公益贡献突出，河北销售获邀加入公安部交管局道路交通安全公益联盟，并被公安部交管局授予全国"交通安全公益之星"荣誉称号，河北销售也因此成为全国唯一一家获此荣誉的企业分支机构。

案例二　"油+游"新营销模式

旅游业是我国现代服务业的重要组成部分，中国旅游业经过40年的发展，已经逐步成为对经济、社会、文化和广大人民群众日常生活有着广泛影响的现代综合产业。国家出台了多项政策法规，全力推动旅游产业发展。旅游产业符合新发展理念，特别是绿色发展理念的内在要求。国家鼓励社会各界积极参与，进一步提高旅游业在推动国民经济发展、服务民生和提高人民群众幸福指数等方面的作用。

河北省政府高度重视旅游产业发展，出台了打造旅游强省战略，发布了《河北省人民政府关于加快创建全国全域旅游示范省的意见》，提出要完善全域旅游公共服务，沿途配置观景平台、特色驿站、生态厕所、汽车营地等服务设施，打造一批跨区域精品风景廊道。

河北销售以绿色发展理念为引领，落实国有企业经济、政治、社会三大责任，创新推动旅游与石油产业融合，打造旅游与石油共同发展的平台，大力推动旅游产业实现跨越发展，助力把旅游业打造成河北省战略性支柱产业。与河北省文化和旅游厅建立全面战略伙伴关系，实现资源共享，同时与省自驾游与露营房车协会强化合作，实现了"油＋游"新营销模式。

河北销售制定了"一卡、一会、三平台"的合作规划，并开展系列主题推进活动。"一卡"——联合发布并推广联名加油卡。河北省文化和旅游厅、河北销售、省自驾游协会三方共同举行"宝石花•自驾客"乐享联名卡发布仪式，联名卡体现"京畿福地•乐享河北"旅游宣传和"宝石花•中国石油"双方品牌标识，标志着河北省旅游产业与石油产业融合迈出坚实一步。"一会"——成立"宝石花•自驾客"车友会。为实现客户群体共享，在发售联名卡基础上，公司和自驾游协会联合成立了"宝石花•自驾客"车友会。该组织由自驾游协会执行与管理，河北销售把握动态方向并参与活动策划。"三平台"——以加油站为载体的三个平台功能建设。一是自驾游集散中心。依托公司加油站，满足自驾游活动出行集结需求，为自驾游车主提供车位停车、旅游车辆油品补给、便捷洗车、自驾游工具箱等综合服务功能。二是自驾游服务驿站。适应自驾游高速发展态势，满足自驾从侧重前端线路策划、活动组织向自驾技术保障、自驾车辆维修保养、加油、医疗救助、信息咨询、餐饮住宿、商品休闲等全链条转型升级的客观需要。三是自驾游综合服务中心。在自驾游组织发展到一定规模，集散中心和驿站无法很好满足游客需求的情况下，由当地旅游委和自驾游协会共同推动，在中国石油加油站点以外的地方，单独建设自驾游综合服务中心。

河北销售持续完善主题系列活动，2018年9月29日联合开展了送客入疆自驾游活动，与沿线各省区中国石油补给站点联系，确定25个补给站点为本次自驾游活动提供加油保障，确保车友顺利出行。积极助力旅游产业发展大会召开，从2017年开始，连续多年在会议用油保供、联名卡发行、游客服务中心建设、会议用水、自有商品现场展示和志愿者现场服务等6个方面提供服务。联合开展"周末游河北"系列主题宣传活动。被省文旅厅授予"河北旅游品牌宣传站"牌匾。与省文旅厅共同设计印制了《河北旅游手绘地图册》，共同举办了"这么近，那么美，周末游河北"旅游推介活动，正式签订了河北旅游品牌宣传推广战略合作协议。

"油+游"营销模式基本可概括为"三合三省"：

跨界融合，专属优惠"省钱游"。河北销售推行"宝石花·自驾客"联名卡和《河北旅游手绘地图册》，游客持卡或地图册，可体验加油优惠、旅游折扣、食宿让利等多重优惠，有效节省旅游成本，同时促进公司量效及河北省旅游经济发展。

政企联合，出行攻略"省心游"。省公司层面与省文游厅、省自驾游协会合作，各地市分公司分别与各地市旅游局对接落实。实现公司品牌与"京畿福地·乐享河北"品牌联合推广，更具影响力。同时，通过三种措施，更好服务好广大旅游客户，增强客户消费体验。一是积极发挥

"宝石花·自驾客"车友会作用，实现公司与省内自驾游群体供需联动、高效互动，由目标客户群体提出具体消费需求，由公司提供针对性服务措施。二是积极发挥"油导游"作用。《河北旅游手绘地图册》，以卡通手绘的形式制作河北旅游地图，既为客户提供旅游景区游览、加油补给指引，也可作为享受加油、购买景区门票优惠凭证，一本图册就是一名"导游"。三是公司旅游沿线加油站员工进行必要培训，能为顾客提供路线指引、旅游想到、解答咨询等"贴心导游"服务。

渠道整合，尊享服务"省事游"。 借助旅发大会、主题系列宣传等，河北销售积极打造旅游品牌精品线路，沿线加油站"白天是站点、夜间是景点"，成为河北文化和旅游宣传阵地。同时，借助官方宣传渠道，实现了省内外加油站线下广告宣传、现场活动宣传、媒体线上互动宣传等全渠道品牌宣传。内容如下：

一是省内外加油站线下广告宣传。 公司精选重点景区100座加油站，设置"河北旅游品牌宣传站"，选择400座市区、高速、旅游景区加油站悬挂"河北旅游品牌宣传站"牌匾。同时，持续提升活动影响力，协调联络北京地区的100座加油站设立"周末游河北"线路、景点等宣传资料展示区，为游客出行提供方便，扩大了活动宣传范围，合力打响"这么近,那么美,周末游河北"品牌形象。

二是现场活动宣传。2019年8月16日,公司与省文旅厅在北京鸟巢共同举办"这么近,那么美,周末游河北"旅游推介活动,活动中安排了省文旅厅向公司授予"河北旅游品牌宣传站"牌匾的授牌仪式、合作协议签约仪式、联名加油卡发售仪式等内容。在现场播放的河北旅游官方宣传片中,增加中国石油元素。后续又分别在北京饭店、人民日报社等地共同组织"这么近,那么美,周末游河北"活动,有力推动了公司品牌形象提升。

三是媒体线上互动宣传。游客扫码关注河北旅游或智慧加油站微信公众号,即可了解省内旅游资源情况,同时可享受旅游景区加油站优惠。公司通过广播等渠道推送"油+游"相关营销宣传活动,极大提升了公司品牌影响力。同时,在全省打造400余座旅游品牌宣传站和自驾游集散服务中心,为游客出行提供购物消费、车辆养护、道路救援等全方位服务。

在具体路线选择上,河北销售结合河北省"六色旅游"资源和公司网点布局情况,研究重点旅游线路及沿线加油站的服务策略。具体措施如下:

蓝色海滨旅游:利用北戴河、昌黎黄金海岸、唐山菩提岛、月坨岛、祥云岛、沧州沿海古贝壳堤等滨海一线旅游资源，以秦皇岛地区为主确定了 3 条旅游线路。

绿色山水旅游：利用承德和张家口坝上草原、承德塞罕坝、保定白石山、涞水野三坡、秦皇岛祖山、邢台大峡谷、承德雾灵山、衡水湖、白洋淀生态绿色旅游资源，以承德、张家口、保定、石家庄等地区为主确定了 23 条旅游线路。

红色文化旅游：利用西柏坡、保定阜平晋察冀军区司令部、清苑冉庄地道战、邯郸涉县 129 师司令部等红色文化旅游资源，确定旅游线路 3 条。

金色文化旅游：利用邯郸蜗皇宫、承德避暑山庄、清东陵、清西陵、山海关、廊坊大安寺、正定古城、赵州桥等金色旅游资源，确定旅游线路 8 条。

银色冰雪旅游：利用张家口崇礼冰雪旅游资源，确定 1 条线路。

彩色民俗旅游：利用陶瓷、剪纸、年画、武术、杂技、内画、地域美食等民俗旅游资源，确定 4 条旅游线路。

同时，在加油站设置文创产品专区，销售河北旅游文创产品。深入参与"旅游扶贫"项目，与农特产品商家开展合作开发，进而实现旅游扶贫，旅游富民，形成"携手中国石油、打赢脱贫攻坚战"特色的扶贫体系，成为企业履行社会责任、共筑和谐的一个重要体现。

在此基础上，河北销售深入探索加油站空间、景观优化创新，结合油站位置类型设计主题，突出特色。如设计园林景观作为游客休息区，彰显景区站特色；建立儿童活动区、萌宠乐园等，既迎合需求又带来新的收益。深入探索信息数据集成应用创新，借助旅游景区、高速公路和加油站车流量等大数据的收集、分析、整理和应用，为游客提供道路通行状况、景区人流量、景区分析等诸多信息化服务。与旅游公司、汽车租赁、餐饮住宿、自驾游社团、车友俱乐部等开展行业合作，提供专业化、特色化服务，把"油＋游"平台构建成为一站式旅游服务平台。

通过"油＋游"跨界合作营销模式，公司旅游沿线重点站实现量效齐增。以第二届旅游发展大会为例，秦皇岛分公司39座沿线站在大会召开前后12天，实现汽油销量同比增长8.3%，其中CN98高标号汽油同比增幅达61%。旅游重点线路沿线19座加油站实现汽油销量同比增长22%，其中CN98高标号汽油同比增幅达69%。加油站便利店特色商品热销，非油业务收入同比增幅达18%以上。自2019年5月省文旅厅"这么近，那么美，周末游河北"主题活动启动以来，公司400座市区、高速、旅游景区等"河北旅游品牌宣传站"销量增长8.7%，实现了京津冀游客定向引流，并在活动期间实现客户零投诉。

油+通信行业：与流量巨头的相互引流

作为中国三大运营商的中国移动、中国电信和中国联通，拥有最为庞大的客户群体，可谓名副其实的"流量巨头"。通过与通信行业联合营销，可以实现对这一客户群体的深入引流。

案例一　中国移动和包支付加油优惠

河北销售与中国移动联合开展和包支付加油直降活动。此项活动专门针对全球通客户及套餐升档客户，其到中国石油河北地区任何一个加油站均可享受加油优惠。营销成本由双方共担。客户到加油站使用"和包支付"扫码支付即可享受对应档次优惠，操作简便顺畅。

据统计，此活动自上线启动，近半年时间，已累计为双方引流客户1.3万人次，带动加油站油品销售340余吨。随着活动的持续宣传，参与活动的人数还在继续增长，效果逐步显现。

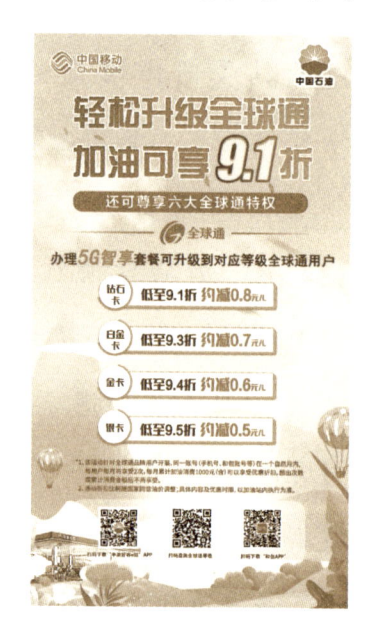

第 9 章 如何实现会员体系跨界合作"1+1>2"

案例二　中国移动"8折加油"权益套餐联合营销

中国移动和中国石油联合推出了60元、100元、200元车主权益包，移动的用户可以定制套餐，套餐里有中国石油的加油优惠券、移动的流量、权益等。移动用户不仅可以享受到办理套餐91折优惠，还能通过付费的方式，享受到油品8折、非油品5折的优惠，非常划算。此项活动中，河北销售与中国移动成本共担，利益共享。活动上线以来，取得了很好的合作效果，半年时间里，互为引流客户400人次，锁定客户24个月消费后，带动油品销售470吨，非油销售36万元。

案例三　中国联通5G套餐尊享中国石油权益包营销

中国联通和中国石油联合推出5G套餐，通话、流量、宽带都有，套餐129元，还送129元的中国石油汽油满减券、便利店满减券和线上商城抵扣券。

在中国石油加油站办联通5G套餐，虽然有点"出于意料"，但也在"情理之中"。这个活动就是一个特点鲜明的渠道互借、客户共享的联合营销活动，不仅给客户耳目一新的感觉，更拓宽了双方的业务范围。活动一经推出，迎来了很多客户的咨询，也为双方持续深入联合营销奠定了良好的基础。

案例四　中国电信翼支付翼生活出行权益礼包套餐营销

微信搜索河北电信公众号，翼生活权益包中办理9.9元出行套餐，可获得3张9.5折充值话费，还有一张200减20元加油券。这是河北销售与中国电信联合推出的翼支付翼生活出行权益礼包，客户在充值折扣的同时还能同步享受加油折扣优惠，非常受欢迎。活动上线两个月，全省共计办理出行礼包3000余人，带动纯枪汽油销量30余吨，充分将话费券与加油券相结合，实现了强强联合。

第9章 如何实现会员体系跨界合作"1+1>2"

油+银行保险：与"多金"的朋友共同合作

银行保险行业为了拓展客户，往往有着充足的营销预算。河北销售深化与银行保险行业合作，借助对方营销预算优势，共同为客户提供联合优惠，实现资源共享、成本共担、互利共赢。

案例一　银联、银行满减活动

河北销售与银行业常态化开展油品满减促销。2021年，河北销售与银联合作开展"用银联云闪付二维码支付，加油享优惠"联合主题活动。活动期间，在河北销售指定加油站使用云闪付生成的银联二维码加油，每月前6000名享受单笔满100元随机立减5至50元优惠，先到先得，用完即止。单用户每月限享2次优惠，单日限享1次优惠，单卡每月限享1次优惠。对于前期未使用完名额，累加至后续活动日使用，活动非常实惠。

此外,河北销售还与工商银行合作,开展"爱购加油券"活动。工银信用卡持卡人首次登陆"e生活plus"微信小程序，即可领取1张"爱购消费券"。当月消费达到2000元（含),符合消费达标资格后,可在达标后的第6个自然日起,前往"e生活plus"微信小程序领取1张"消费达标——爱购消费券"。活动费用全部由工行承担。

同时，河北销售先后与农业银行、建设银行、浦发银行、平安银行、广发银行、华夏银行等开展信用卡、借记卡联合促销活动，月均引流客户10万人次以上，带动油品销售约2000吨。

案例二　平安好车主联合营销

"我该交车险了，你平时在哪投保车险啊？"一个朋友问道。

"我用的平安车险，他们平时活动挺多的，你可以下载这个平安好车主APP了解下。"小李回答道。

"好的，我下载看看。"这个朋友边操作边看。"他们上边还有加油享9折的活动，加油能省不少钱呢。"

第9章 如何实现会员体系跨界合作"1+1>2"

"对啊，这个活动好像人人都能领。"

上述活动，就是河北销售与平安产险联合开展的"平安好车主9折加油"活动。客户可以通过平安好车主APP扫码领取2张满200元减20元汽油券，持券到站消费，简单方便。据了解，此项活动自2021年9月推出到2022年10月，为河北销售引流客户52万人次，带动纯枪汽油销售6000余吨。

其实说到平安好车主，大家都不陌生，它是平安产险旗下的"拳头产品"，在河北地区平台客户量高达300万人，而且此类客户与加油站目标客户群体高度契合。河北销售与中国平安也正是基于此，强强联合开展了系列活动。除了9折加油优惠活动外，双方签订合作协议，先后开展了"周五抢券""会员礼包""续保权益"等联合营销活动。2022年，又围绕新车客户群体，通过双方共同补贴的方式，对新

购车买车险的客户赠送中国石油电子券，对高端客户定向派发汽油专属优惠券等，实现了促销资源的精准投放，又提升了不同客户群体的消费体验，取得了很好的联合营销效果。

案例三　五方联盟，浦惠优享平台

"我前两天从浦发银行的 APP 上看见一个中国石油加油享 65 折的活动，挺划算的。"小张随口给同事们说到。

"你还别说，我也从河北银联的公众号看见这个消息了，这好像是五家单位联合推出的活动。"小林感兴趣地说。

随后小张和小林一起通过宣传页面了解了活动规则，准备到中国石油加油站参与活动。

上面提到的活动就是由河北销售联合浦发银行、人保财险、河北银联、河北移动共同成立的"五方联盟"推出的加油优惠活动。

五方联盟合作由浦发银行牵头，平台具备正常运营所要求的相关基础功能，支持权益叠加计算、领取、核销、对账结算、统计分析等功能；具备与各权益资源提供方客户或会员体系联通能力，同时支持权益资源数据导入功能；具备客户权益资源自动叠加和支付能力；支持灵活的活动配置及个性化权益功能；具备以 H5 和小程序为载体接入

第 9 章　如何实现会员体系跨界合作"1+1>2"

各合作方主要APP、公众号、微信小程序能力，客户在各合作方自有渠道一键注册、一键登录、一键授权以及用户互认等能力，从而实现各方用户资源共享。

平台上线渠道分别为河北移动APP、"中油好客e站"APP、中国石油智慧加油站公众号、银联河北公众号、河北人保财险公众号、浦发银行手机银行APP及浦发银行石家庄分行公众号。客户通过联盟单位渠道进入到联盟平台，授权进行资格鉴权，系统会自动识别客户信息显示可享受优惠资格。可通过平台展示权益，引导未满足条件客户办理业务。客户获得权益兑换礼金，在平台统一兑换成云闪付平台满减券，在中国石油加油后，通过H5页面跳转至云闪付平台进行核销支付。

中国移动
中国石油
平台上线到中油好客e站APP：首页上方轮播图位置进行宣传，用户点开中油好客e站APP，即可看到

河北人保财险
平台上线到银联河北公众号：位置位于下方菜单栏。用户关注后即可看到浦惠优享菜单（云闪付小程序正在对接中）

浦发银行

河北移动
平台上线到河北移动APP：通信界面上方轮播图位置进行宣传，用户点开河北移动APP，即可看到

中国石油

人保财险
平台上线到河北人保财险公众号：我的-我的主页-上方轮播图位置进行宣传，用户需点击进去才能看到，但是单点登录已经打通，授权过后随时登录即可

中国银联

浦发银行
平台上线到浦发银行APP：生活-城市服务。用户登录APP按照步骤即可看到平台宣传图

据悉，五方联盟还将建立联盟轮值工作机制，每月由一方担任轮值会长，由会长单位牵头与各方营销策划团队

对接，共同制定五方联合营销方案，打造联合营销产品；同时，将逐步丰富线上业务场景，将各主营业务、主营产品、核心会员权益、一方或多方联合营销活动等投放到平台，为客户提供丰富多样的服务，增强客户黏性；还将联合加强营销宣传推广，在各自线上主营业务平台及线下主营业务网点，同步开展主营业务及联合营销活动在平台的宣传推广，并稳步加强营销资源投入，提升活动效果。

油+餐饮："加油吃鸡"新体验

国外发达国家的加油站搭配餐饮服务的现象较为普遍，餐饮、便利店的销售利润贡献率已经大于加油业务的利润。但是，受当前客户消费习惯等因素影响，国内"油站＋餐饮"的布局上较为缺失，管理经验也存在不足。以前中国石油加油站也提供过早点、加热速食等餐饮服务，但客户对于此类餐饮服务的认知性较低，同时由于加油站网点分散、物流配送不及时、退换货等问题限制，加油站与餐饮的结合上存在一定局限性。肯德基餐饮产品制作，有自己的标准和规范，品牌形象深入人心。本次中国石油加油站内开设肯德基餐厅，既可以提升自身便利店的竞争力，又可以以肯德基为切入点，更好融入餐饮行业。

第9章 如何实现会员体系跨界合作"1+1>2"

河北销售加油站与肯德基结合，将借助肯德基的品牌优势、服务优势和数字化优势，进一步完善加油站的多功能、综合性、一体化的配套服务，实现品牌共振效应，打造综合性服务平台。与此同时，借助其成熟的供应商管理模式、优秀的开发运营团队，还可以带动河北销售的餐饮业务快速发展。

河北销售和平路第一加油站位于石家庄市区建华大街和平路交叉口西北角，周边居民区、商铺密集，交通便利。2021年4月，加油站肯德基餐厅惊艳亮相，以餐饮拓展加油站服务功能，为顾客提供"加油+用餐"一站式服务，不仅满足顾客多样化消费需求，也标志着中国石油加油站的消费体验与服务水平提高到一个新的层次，成为出行游客沿途休憩、用餐的首选，更引领了加油站快餐行业的发展潮流。

肯德基餐厅建成后，仅凭加油站人流量无法带动餐厅的销售。加油站结合周边商圈情况，制定了专项的宣传推广方案。

首先结合当下游戏热点，明确宣传口号为"加油吃鸡"，与肯德基年轻化的消费群体形成共鸣，并开展了在加油站汽油消费满一定金额赠送肯德基餐饮券的活动。

第一种宣传方式，楼宇广告。肯德基餐厅主要面向的客群为加油客户和周边社区居民，而周边社区居民又是重中之重。楼宇广告是融于百姓生活的一个视窗，楼宇广告的投放构成了稳定、集中、长效的广告信息交互。在餐厅开业前一周，楼宇广告对周边小区居民进行了1个月的精准投放。

第二种方式，"扫街"活动宣传。肯德基餐厅的开业不仅是加油站的大事，更是公司提升非油收入、实现以非促油的重要举措。公司安排加油站和机关人员，发放满减体验券，对周边装修市场的商户、附近写字楼底商进行地推宣传，并在周边进行户外宣传。

第三种方式，线上宣传。线上宣传方面，借助微信的

第9章 如何实现会员体系跨界合作"1+1>2"

朋友圈广告，对周边中青年消费者精准投放加油站肯德基餐厅开业信息，曝光20余万次；同时，通过"中国石油智慧加油站""中石油河北石家庄销售"微信公众号不间断推送"加油吃鸡"宣传推文，并联系新闻媒体对加油站肯德基餐厅开业活动进行软文推送。

通过全方位宣传，在没有任何客户基础的条件下，开业前期肯德基餐厅实现日均1.5万元以上的销售。

但随着时间的延长，客户消费相对固定，消费市场相对饱和，餐厅的营业额出现瓶颈，无法突破。一是消费者对健康饮食的观念越来越强，而肯德基多以油炸、高热量食品为主，与当前人们追求的生活方式相背离。二是"加油吃鸡"的营销热点逐渐弱化，无法持续激发客户进店消费。三是受周边其他肯德基餐厅布局等因素影响，该加油站肯德基始终无法开展外送业务，导致整体营业额突破困难。

传统加油站的经营模式将逐渐难以满足广大有车族的多样化需求。在加油的同时获得购物、就餐、休闲等多功能、综合性、一体化的服务，已成为人们的迫切愿望。

首先，消费者餐饮需要健康。一方面要将肯德基研发的中国本地美食纳入餐厅菜品，在为顾客带来新鲜感的同时，拉开与其他肯德基餐厅的差别。另一方面是服务的差异化，主要在于保证肯德基餐厅标准化的前提下，在个性化服务上进行创新。

其次，营造新的营销热点。保留原有"加油吃鸡"经典活动的基础上，增加新的营销方式，将油品的储值环节和消费环节同时与肯德基融合，进一步增加客户的消费黏性。需要注意的是，在双方签订合同前，要尽量对合同细节做好沟通，确保加油站的肯德基餐厅具备外卖业务。

成品油盈利空间相对固定和透明。成品油销售企业的发展要着眼于未来，要在未来的竞争中获得稳定的客源和收入，就需要从服务领域入手，通过增加品类，提升服务水平和能力，进一步提高品牌形象。和平东路加油站引入肯德基项目进一步提升了该站在周边市场的竞争力，增强了该站的核心竞争优势。

现在，加油站餐饮市场消费的个性化、理性化和细分化的趋势越来越突出，新设立的项目要以市场为导向。立项前，应充分调研市场，通过准确的调研数据，确定是否开展新业务，同时，也要充分考虑行业的发展态势。要坚持主营业务发挥带动作用，也要挖掘新业务的特色性、差异性、认同性和拓展性，才能得到市场的认可与接受。

第9章 如何实现会员体系跨界合作"1+1>2"

"油+住"：为新居加油的奇妙结合

"想客户所想，思客户所思，做客户所需"，营销的关键在于要真正融入客户角色中，以自身的消费体验来查漏补缺。同时在发现问题和死角后，结合自身情况，用联合营销的优势来弥补不足，从而吸引客户。中国石油河北销售与中国铁建房地产的强强联手，代表"住"与"行"的跨界合作，碰撞出了"错位思维"的火花，展现出了企业资源整合的魅力，在市场上产生了超乎预期的化学反应。

案例 联合营销谋双赢

"中国铁建·西派江玥"择址正定自贸区核心板块。河北销售石家庄分公司通过扫街走访，了解到对方针对到访及购房客户有伴手礼赠送意向，旨在提升客户尊享体验感。石家庄分公司立即就加油充值卡业务合作开展对接，旨在共同提升活动知名度，宣传各自企业形象，实现双赢。充值卡全部采取财务预付款，所发生的营销成本支出及宣传费用全部由中国铁建承担。

河北销售携手中国铁建开展联合营销，双方借助各自品牌价值，实现双赢。为确保活动效果达到预期，双方在营销宣传上狠下功夫，通过广播电台固定时段口播、朋友圈广告投放提高曝光率、公众号软文营销、站内营销物料宣传等多种手段，促进活动取得预期效果。同时，活动营销成本均由中国铁建承担，员工配合做好到站客户登记办卡储值工作，并针对办卡客户开展微信建群，每月派发两张汽油消费满300元减20元电子券和一张便利店消费满50元减20元电子券，共计派发3个月，通过电子券派发结合中国铁建的300元加油金，有效锁定客户后续消费。

二人同心，其利断金。当个体单一营销不足以撬动市场时，跨界对接，巧借东风，在两家的产品和服务中分别巧妙融入对方的品牌和产品，资源共享，成本共担，实现客户共享促成共赢，不失为"1+1>2"营销选择。截至当年6月底，中国铁建先后7次购买中国石油充值卡，累计实现充值卡销售150余万元。

以卡为媒，探索销售新思路

在互联网和方便快捷的物流支撑下，"卡册"销售新模式悄然兴起。卡册携带方便，深受消费者喜爱。卡册销售还可以整合多方资源，根据不同客户的需求来组合产品、包装设计。这种新的营销模式，也成为河北销售整合资源、开展联合营销的一大法宝。

第 9 章 如何实现会员体系跨界合作 "1+1>2"

案例一 **中粮"礼品卡",购物新体验**

河北销售热销的中粮"好客有礼"提货册,是中国石油"优选+自有商品"礼包体系的热销主题产品。据了解,自 2021 年推行以来,河北销售已累计实现售卡 10.3 万张,实现增利近 500 万元,市场反应良好。

那么这个中粮"好客有礼"提货册具体是什么商品呢?它又有什么独特之处呢?为何深受客户喜爱呢?

疫情给如何在有效防控的前提下,多维度更好满足百姓生活需求提出新的要求。河北销售积极响应政府号召,认真研究客户实际需求,围绕加油站"一站式购物"便民服务,推进打造线上线下联合营销,采取"线下体验+线上下单+送货大家"服务模式,让客户享受价格和快速物流双重优质体验,中粮"好客有礼"提货册也就应运而生。

驱车至加油站,首先,映入眼帘的就是便利店 LED 滚动"中粮提货册"醒目宣传。员工把我引至柜台左侧展示区,货架上齐整整把放着琳琅满目的卡册。我随手翻开了其中 268 型,不同于"蟹卡",中粮"好客有礼"提货册采取抽拉礼品盒+卡册内衬专属卡的形式,专属卡正面数字自选提货册,简单明了;背图借鉴移动刮刮卡,里面显示促销内容,一目了然。客户购买后,即可微信线上扫码查看套餐并匹配进行兑换。

以298款为例,会员购买零售价298元好客有礼中粮商品提货册,即可享受线上20余类商品组合任选其一,并额外赠送260元加油套餐。卡册商品组合搭配非常独特,核心卖点实现差异化,最大限度满足了客户需求。

客户的需求就是最大的市场。更好地满足客户需求才能真正意义上赢得市场。河北销售中粮礼包卡如此热销,有几个原因和大家分享:一是看清了"痛点"。疫情给大家出行购物带来不便,卡册组合营销有效解决了以上问题,组合商品让客户需求一次性满足。二是抓住了"痒点"。"米面油盐酱醋茶"就是老百姓的生活,特别是疫情期间这些必需品的满足一定意义上就是"雪中送炭",所以中粮卡册得到客户认可;三是有效的宣传助力。河北销售线上线下"双管齐发",借助网络和自媒体优势,有效助推活动效果提升。

第 **9** 章 如何实现会员体系跨界合作"1+1>2"

案例二　**好客畅游卡，丰富"油+游"模式新内涵**

为了满足大众自驾旅游的需求，河北销售利用黄金节假日契机，开展"你出游、我出油"京津冀好客畅游卡礼包专项活动。购卡即送加油卡或户外旅行大礼包，包含200余家著名景区、主题乐园、温泉戏水、人文博物馆、文化演出等文旅资源，减免单次门票总价值12923元。

当下，受疫情影响，人们更加青睐短途游、城郊游。在旅游目的地的选择、自驾途中的油品补给、旅游的总花销等方面，精打细算。河北销售紧跟这一新变化、新需求、新期盼，结合人们季节性旅行特点及消费规律，与旅游公司共同开发设计了京津冀好客畅游卡，积极打造"京畿福地·乐享河北"旅游品牌，倡导在旅游途中到中国石油加油站体验"人·车·生活"生态圈一站式优质服务。

随着顾客对旅游提出了新的需求，旅游目的地也一直寻求更好的服务应对，但仍存在很多环节需要打通。河北销售的畅游卡，之所以引人关注，广受好评，正是借助"油＋游"形式有效解决以上问题。一是发现了游客的"痒点"。尤其是在当今打卡旅游时代，各种网红景点成为人们争抢的打卡胜地；京津冀畅游卡包含5A景区11家、4A景区48家、3A景区111家、主题场馆11家、特色主题场馆7家，各种选择应有尽有，非常适合打卡推荐。二是解决了游客的"痛点"。一些景区体验感低下，缺乏美感，而且各场景之间信息孤岛严重，文旅目的地之间数据不共享；而河北销售与省文旅厅以"油＋游"跨界合作模式，实现信息共享，完美解决信息闭塞问题。京津冀好客畅游卡更是附赠旅游地图，购卡时员工会结合客户需求，为其制定专属旅游路线并提供旅游周边信息。总体来说，全省500座旅游品牌宣传站，足以满足出行游客多样化需求。三是抓住了时代的"热点"。两年来，河北销售多次与省文旅厅联合推广京津冀好客畅游卡，特邀主流媒体、新媒体、旅游企业等共同出席参与，共享机遇，共谋发展。

下一步，河北销售将继续以卡为媒，积极发挥自身优势，主动融入旅游业发展，通过开创河北旅游文创产品销售基地，与深度贫困县的农特产品商品开展合作开发，进而实现旅游扶贫、旅游富民，丰富"油＋游"跨界合作营销模式内涵，推动河北省旅游产业化，全面唱响"京畿福地·乐享河北"旅游品牌，在由旅游大省向旅游强省跨越的历史进程中贡献力量，同时也给公司自身发展提供新动能、新推力。

案例三 "小蟹卡"蕴含"大能量"

中国石油双节热卖的"蟹卡"，仅中秋国庆双节期间，就售卡 6.1 万张，实现收入近 5000 万元，为河北销售实现增利 3200 万元以上。

那么"蟹卡"到底是个什么样的商品？为啥赢得大家这么关注和认可，还如此热卖呢？为此，让我们到中国石油加油站现场一探究竟。

原来所说的"蟹卡"，就是一套精美卡册，外观和颜色搭配别致用心；打开卡册，里面显示促销内容详实，一目了然，包括对客户操作答疑及后续服务都有仔细说明。另外，客户一键式购物在这里也体现得淋漓尽致，客户满意度高。不得不说，这款"蟹卡"礼包商品组合搭配的角度非常独特，促销力度也够，很有吸引力。

通过实地调查，我们可以总结中国石油"蟹卡"礼包如此畅销的原因：首先，"蟹卡"找准了客户"痒点"。产品选择是关键，选品不但要有足够的吸引力，还要与时令季节高度契合。除了中秋节的阳澄湖大闸蟹外，还有过年用的牛羊肉、海鲜、干果及白、红酒类等，备客户之所需。其次，想顾客之所想。这里，方便客户为首要，"蟹卡"礼包高明之处就是有效解决了客户上门难题。再次，就是高附加的产品增值增加客户的购买欲。如购买商品绑定油卡免费充值、免费赠油券及附加第三方免费资源等，这些非常具有吸引力，使顾客觉得礼包物超所值，进店购买转化率高。最后就是有效的激励措施。我们现场还了解到，"蟹卡"之所以如此热卖，现场员工积极推荐也是主要因素之一。据悉，河北销售设置销售单品＋个人专项激励机制，按照每套20元给予销售奖励兑现，所调研的加油站员工单人最高一天销售"蟹

卡"礼包达 46 余套，这就意味着该名员工当天即可获得即时奖励 920 元。这一举措促使加油站员工积极性得到有效促进，现场推介宣传火爆。

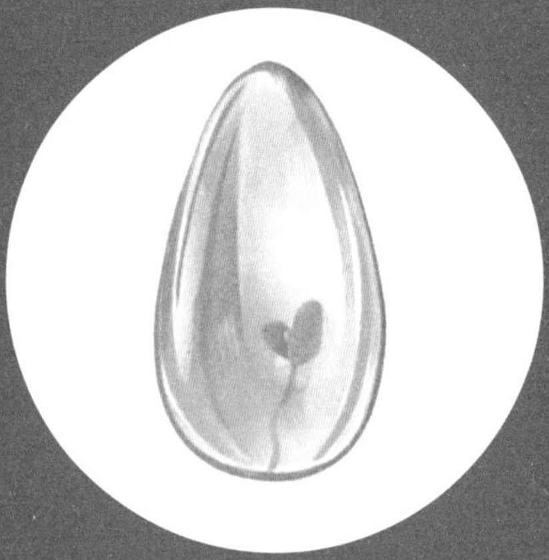

第10章

聚沙成塔，让会员营销产生聚变效应

与核裂变相反，核聚变是几个原子核聚合成一个原子核的过程，核聚变比核裂变放出的能量更大。河北销售跟进时代浪潮，围绕会员营销做了一些细致的工作和探索，形成了一定的成效，希望这些案例能够产生聚变效应，产生更大能量，为企业、行业和社会发展贡献力量。

社群营销：为客户搭建一个交流的"家"

随着移动互联网的日益发达，社会的连接变得越来越紧密，营销的节奏和模式也随之变化。河北销售研判市场发展与变化，面对"消费方式变化，门店客流量下降"的不利因素。从 2021 年 6 月初开始，就立足"服务速度与服务融合，会员体系社交化前移"打造"可触达、有温度"的企业微信私域会员流量体系，截至 2022 年 3 月，已拥有线上客户人数 240 余万人、社群 1 万余个。

让服务与客户的触达，突破时间与空间的界限

在移动互联网高速发展之下，人们生活缴费用手机，消费购物用手机，沟通交流也同样是用手机。而客户在哪里，市场就在哪里。社群是基于"关系"与客户实现的连接，这种与客户的"关系"不受空间的约束，甚至也不受时间的约束。而基于微信生态建立的企业微信客户体系，因其融合度高、触达性强、社交平台流量巨大等因素，即将成为企业会员社交化前移的主力战场。

数据显示，近几年，中国社交电商行业吸引不少资本涌入，社交电商行业交易规模逐年上升。2017 年中国社交电商交易规模达 1844.8 亿元。2020 年起交易规模飞速增长，

达到 20673.6 亿元。2021 年社交电商行业交易规模更是达到了 23785.7 亿元。

艾媒咨询分析师认为，与传统电商相比，社交电商具有发现式购买、去中心化、场景丰富、用户黏性高等独特优势，而商家以及电商平台借助社交软件进行推广引流吸粉，可以极大地提升线上渠道的运营效率。

基于销售行业的发展现状与能源市场需求的变化，河北销售立足"会员体系社交化前移"，开始推进线上私域会员留存计划，依托企业微信的客户管理能力，打造线上私域会员流量池，利用微信生态融合度高、触达性强、社交平台流量巨大等优势，突破时间与空间的界限，实现精细服务线上化、社群化，布局社交电商应用。

一切改造都基于痛点

第一，新增进站流量大幅下降。基于新能源汽车市场的多元发展，新能源汽车的车辆保有量持续看涨。同时受到燃油车限行、油价持续走高、私人油站低价竞争等多方面的影响，新增进站流量大幅下降。

第二，无法和现有客户建立有效的连接。随着产品的同质化增长、消费者需求的不断变化，传统企业"以产品定义客户""以产品降价促销"的模式已经无法认定为流量向客户的转化。而单向的、传统的客户关系管理系统时代已经过去，基于系统利用发送短信息、系统信息推送等与客户建联的手段受字数与传递的限制，无法和现有客户建立有效的连接。

从上述两个痛点出发，构建线上社群及服务体系，可有效实现存量客户"社交化管理"。通过提升精细化服务能力，突破时间与空间的界限；通过社群运营，提高客户的认知率和认可率；通过精准营销提升客户的变更成本，实现社群客户的留存与裂变，增大客户流量。从而实现"线下流量导入+线上运营留存+裂变反补线下"的客户流量运营循环。

会员社交化前移，打好会员黏性保卫战

河北销售的移动社群，是基于油站及附近商圈线下场景与线上虚拟场景中，对于油品有着一致需求与用车出行有着共同话题的客户所组建的。通过运营与社群内客户的交流，从陌生到熟悉，开展如社群油品优惠、用车窍门、出行指南等与大家相关的、有意义的活动，逐渐建立起企业与客户的关系，提升客户的社群归属感，从而建立起具备牢固关系的移动社群。

第10章 聚沙成塔，让会员营销产生聚变效应

构建成功社群共分为六步。

第一步：定位。

一个社群的核心，必须要有一个群内客户共同认可的、一致的价值点。我们从客户对于油品优惠的一致性需求出发，通过开展"抢油券""喊红包""领券小游戏"等活动，提升社群对于客户的价值。不断丰富了用车窍门、出行指南等社群内容输出，满足社群客户对于用车出行的内容需求。

社群具有高度统一的价值点，使其明显区别于身边常见的营销群、广告群、销售群。群内客户活跃度较高，群名片特征明显。

第二步：定规则。

我们通过不断优化社群管理，设定了社群规则与进入门槛。我们首先提升了进入社群以后对于核心价值的油品促销力度，区分社群客户与产品流量用户的概念，提升客户归属感。同时将进群的门槛归纳为"邀请推荐制""客户申请制"，并设置了准入营销活动，如"新朋友加入送油券""新人入群抽大奖"等活动。

除了设置入群门槛，我们还制定了社群规则，对于违规用户，系统发现后可自动警告或者踢出社群。

第三步：推广。

为了能够吸引更多具有共同价值点的客户加入社群，我们需要结合加油站及周边商圈进行主动推广。

结合"五进发卡"（进单位、进厂矿、进社区、进车场、进展会）等油品推广活动，我们以社群作为推广与服务的纽带，通过线下吸引契合度较高的客户，进行线上运营与管理。同时也会和养车用车、旅游出行、4S店等具备流量基础的第三方，进行联合产品的开发，如"京津冀畅游卡""环球影城卡""汽车保养套餐""中秋蟹卡套餐""中粮福礼卡套餐"等，通过社群进行客户引流，大大缩小了因为进站客户数量的下降以及市场变化对于加油站流量的影响。

第四步：运营。

我们组建了一支线上运营团队，根据社群的具体情况，负责设计策划社群的活动。如根据社群52周运营计划，分时令节气、按重要活动设置的群内运用模板；根据热门话题制作活动群氛围的电子海报；策划社群话题讨论等活动玩法，与各加油站的员工群主进行高频的互动与指导，提升线上服务能力与各加油站的社群运营水平。

第五步：变现。

我们设置的社群变现模式有对内、对外两个方向。对

第10章 聚沙成塔，让会员营销产生聚变效应

内通过社群客户进行转化，通过利用商品促销、新品上市、车用产品推荐等形式，进行非油商品销售与油品促销推荐的触达与转化。对外是和社群的成员一同合作面向社群外进行转化，如"社群以客引客""社群分销"等活动。

第六步：复制。

由于每个社群可以容纳的成员是有限的，我们的运营团队人员每人负责两个地市分公司的社群运营，与分公司加油站社群团长进行指导与对接。但是社群的复制与扩展需要具备与之匹配的人力、财力、物力。没有基础的运营人员保障，线上服务、社群运营、良好口碑也就无从而谈。

直播营销：整合供应链，为客户谋福利

随着市场向内容电商、兴趣电商的转变，对传统零售行业触网创业提出了新的要求与挑战。在"万物皆直播""全民社交线上化"的时代，需进一步转变思想、把握机遇、顺势而动，深耕"增量获客+存量活客"的线上平台与直播业务提升模式，打破线下非油业务空间与时间的限制，促进业务聚势增长。

直播带货和短视频带货传播信息快，大众接受度高，随着移动端消费市场的迅猛发展，消费者更加依赖利用碎

片化的时间进行线上消费。因此直播也开始成为热度极高的销售与推广手段，很多地方推出了培训课程。由此可见，电商直播这个风口仍然存在。

在激烈的竞争中直播电商增长新机会

2021年2月，中国互联网络信息中心发布《第47次中国互联网络发展状况统计报告》，根据报告数据，截至2020年3月，我国电商直播用户规模为2.65亿人，增长迅速。截至2021年12月，我国直播电商用户规模达3.88亿人，占网民整体的39.2%。市场存量客户巨大。

在线直播的形式具有即时互动和沉浸性的特点，使直播结合其他行业发展也拥有巨大潜力。目前在线直播平台不断探索"直播+"模式的应用，通过直播赋能，未来在线直播与其他行业的结合将继续加深。一方面，直播的形式能使其他行业内容输出更加多元化；另一方面，与其他行业的结合也有利于直播承载内容的拓展。

探寻电商直播推动非油业务新发展

河北销售于2019年底开始尝试拓展线上直播业务，截至2021年底，河北销售组织大大小小直播带货共计300余场，连续3届获得全国销售企业直播大赛冠军、优秀组织单位，创造并保持着销售企业单场 1260 万元的收入纪录。

提升直播销售"三大步"

第一步是增强"私域优势"。

直播的关键是精准的流量基数。除了配套的海报、视频等投放外，要充分运用企业微信邀请客户添加进群，对群内客户需求进行标签化管理。每次直播前，都利用企业微信的客户群发功能，进行私域客户触达，提前预告直播福利与爆款商品。

应灵活调整策略。在拜访中国平安河北分公司时，通过企业微信将平安员工拉进直播营销群的想法被拒绝后，我们及时调整策略，设定了专门面向平安员工的直播销售政策。经过反复沟通，最终与平安达成合作。

第二步是发挥"流量效应"。

单靠线下客户支撑较为单薄，应对准异业渠道资源，实现跨平台流量互借。每次大型直播前，提前走访集团客户，对接直播资源与客户流量，久而久之形成"平台互借、客户共享"的合作模式，积攒多家企业合作伙伴，为直播活动提供了强有力的支撑。

第三步是凝聚"拳头力量"。

有了流量和直播间福利，接下来他们目光向内，投向爆款产品与直播运营，提升流量转化。选品的工作是精细且漫长的，无论是价格还是销售服务，都会一家家对接考察。

直播运营团队的运营能力也是转化流量的重要环节。他们不断优化提升直播运营团队，逐步由主播单兵作战转变为主播、运营、场控联合作战。在销售收入1260万元的直播中，他们时时掌握直播间各项数据。流量下降，场控会及时对接福利活动稳住流量；转化率低，他们就立刻换成促销爆品，靠数据引领直播活动整体走向。

直播带货业务运营案例

2021年12月，在中国石油昆仑好客有限公司的统一

第10章　聚沙成塔，让会员营销产生聚变效应

组织和示范引领下，销售企业积极参与"百城直播一折起，好客惊喜一百天"主题直播带货竞赛活动。2021年12月17日、2022年1月7日河北销售保定站、石家庄站两场直播，以销售金额1345万元，成交笔数6.8万笔，观看人数42.28万人，名列前茅。

抢占直播宣传"预热关"。

提升活动宣传力度，拓展活动宣传渠道，在"预热关"上用好策略。

建社群、勤触达，油站客群预热。一是优化加油站物料投放，通过收银POS屏、站内主题海报、DM单、线下

体验引流等营销方式吸引加油站客户的关注。二是利用会员领三项权益的活动，向进站客户主动进行推介。三是同时建立直播活动企业微信群，将直播运营团队嵌入群内，对接产品卖点、产品价格，做到问题及时答复、产品及时介绍、库存及时对接。

联三方、促导流，异业联合预热。积极对接河北集团客户，提前进行直播活动与产品的介绍，吸引合作员工及客户关注、参与直播间活动，并与中国平安河北分公司进行本场直播的合作，面向直播间河北平安车险客户投放汽油代金券，通过平安公众号、站内微信助力直播活动，引流异业客户。

用企微、巧投放，私域流量预热。利用企业微信的客户群发功能，将直播的宣传视频、宣传海报及微信公众号推文等宣传物料通过群发至客户、群发至客户朋友圈、群发群消息三个渠道触达210万企业微信私域客户；并在直播当天投放开播预告，引导私域流量进入直播间；同时利用微信公众号进行推文的投放，触达公众号客户200万人。

拍短片、投网络，引公域流量。转变原有的直播间商业化介绍宣传模式，模仿"起飞前播报"的形式，诙谐幽默地将活动时间、活动福利、重点产品以短视频的形式传递给消费者，高效触达。同时利用抖音、快手、视频号进

第10章 聚沙成塔，让会员营销产生聚变效应

行多渠道投放，注重每一个环节细节，号召全体员工多渠道、立体式广泛宣传，精准挖掘私域及公域流量，提前预热消费氛围。

打通实战经验"进阶关"。

谋划直播带货形式，优化公域带货环节，在"谋"上出实招。

优化带货形式，提升带货效率。改变原有双人对话式直播形式，采用"单人直播＋高频互动"的直播模式，提升直播节奏，高效地将消费场景、讲产品卖点与价格介绍、销售逼单进行结合，形成一个讲解单元。单元与单元之间的衔接简洁、自然，并有效兼顾直播间粉丝互动，提升流量转化。

优化直播运营，提升团队联动。一是明确主播、场控、场务三组队伍的分工与联动，提升三者间的配合默契，形成流量控制的合力，创造浓厚热烈的直播间氛围。二是细化场务人员的工作分工，根据直播脚本，设定关键内容回复机制、氛围互动机制，活跃直播间氛围。三是高效利用直播间数据看板，及时根据直播间数据给出活动调整的建议与指令，合理把控直播间流量数据。

优化产品预告，提升观看数据。提前将直播产品顺序表下发至各分公司，分公司以片区为单位，利用各站前期

组建的企业微信客户群，提前 3 分钟在群内同步直播预告。

严把直播商品"品质关"。

优化线上商品体系，直连网红商品采购，在"品"上想办法。

拓展渠道合作，培育线上单品，提升渠道竞争力。与大 V、网红、短视频带货的产品供应链公司进行渠道合作，在确保产品质量的前提下，优化建设符合线上平台销售的产品体系；与自有商品生产方共同对接开发线上渠道专属商品，提升产品在公域线上渠道的竞争优势。

强化数据导向，优选线上产品，提升产品转化率。选品时全面对比各大公域平台同类商品的表现能力进行综合能力评判，选择具备线上公域消费数据且表现较好的产品。

锁定日常高销，优化销售价格，提升直播销售额。优先选择日常快消商品，确保一手经销货源，与供应商洽谈直播活动供应价格，让利直播客户，通过优势产品及惊爆价格有效促进销售转化。

提前发函告知，优化售后服务，提升客户满意度。在直播前给所有参与直播的供应商厂家一对一发函，对商品质量及发货时效性、售后服务等方面进行强调，确保客户在第一时间能够收到品质过硬、满意的直播货品。

第10章　聚沙成塔，让会员营销产生聚变效应

提升活跃流量"转化关"。

活用直播促销手段，活跃直播现场气氛，在"促"上撑舞台。

活用促销资源，化整为零，提升活动频次。利用直播活动的促销资源设置奖项，节约活动促销费用，提升直播间客户活动参与频次。

巧用抽奖形式，"变抽为秒"，提升直播氛围。将原有的直播间抽奖环节，转变为秒杀活动，同时投放一定的超值产品，提升客户直播间秒杀的活动热情，既活跃了直播间氛围，又节约了一定的促销成本。

妙用促销手段，转量为促，提升销售转化。将所有的活动环节全部规划进直播逼单环节，如在点赞达标、销售额达标、订单数达标、评论互动达标、引导加入会员等环节，投放对应的秒杀、抽奖等，有效提升直播互动氛围与半私域逼单能力。

精准营销：差异化"套餐"+客户需求

河北销售通过竞争态势数据分析，结合地域市场竞争现状，根据站点数量、市场份额、优惠政策、增值服务等具体纬度综合竞争力研判，将河北省全域分为"高价区、

促价区、顺价区、竞价区、议价区"五个区域，分区域科学制定营销策略，实施"五区一定"差异化精细营销。

在"**高价区**"——**我方主导市场**，营销的方向突出高价高量，严控降价幅度，提升单客加满率，匹配高价区的营销政策，保量效齐增。

在"**促价区**"——**与主营单位共同主导市场**，营销的方向突出提价稳量，突出营销政策的区域协同，与主营单位同价或协同提升销售价格，提升单客毛利水平，匹配促价区营销政策，保量稳效增。

在"**顺价区**"——**主营单位主导市场**，营销的方向突出量效受控，价格政策略低于主营单位，积极争夺市场游离客户，促销量提升、份额提升，匹配顺价区的营销政策，保量增价控。

在"**竞价区**"——**与主营单位、社会经营单位市场三分天下**，营销的方向突出充分参与市场竞争，根据市场情况定价销售，通过充分的竞争达到市场均衡，匹配竞价区的营销政策，力争份额提升；在资源紧平衡状态下，利用资源优势努力争抢市场份额。

在"**议价区**"——**社会经营单位主导市场**，营销的方向突出稳量稳价销售，维持经营基本现状；在资源紧平衡状态下，利用资源优势努力争抢市场份额。

第10章 聚沙成塔，让会员营销产生聚变效应

在此基础上，围绕会员体系营销策略，通过细分品号、细分油站位置、细分会员类型，明确不同商圈、不同客户营销套餐。

比如，按位置类型分类营销：所在市区的加油站适用油非互促、精准派券、第三方跨界合作和增值服务等4类9种营销套餐；所在县城的加油站适用油非互促、精准派券和第三方跨界合作等3类7种营销套餐；位置在国省道站或高速的加油站适用油非互促类2种营销套餐。

序号	位置类型	套餐类别	套餐名称	参考套餐内容
1	市区站	油非互促	站级会员日优惠套餐	结合周边主要竞争对手营销策略，适时开展站级会员日活动，原则上以赠送通用"油瓜子"为主，优惠幅度控制在0.2元/升左右。
2			消费返"油瓜子"优惠套餐	原则上以消费汽油满一定金额赠送非油专属"油瓜子"，或者以消费非油品满一定金额赠送通用"油瓜子"，优惠幅度控制在0.1~0.3元/升。
3			非油商品储值赠券优惠套餐	原则上选取非油40%以上高毛利商品，开展储值赠"指定商品+电子卡储值"活动，储值档位设定在1000元以上。
4			会员专区优惠套餐	建立便利店会员专区，选取高端非油商品开展专项促销，铂金会员、钻石会员、黑钻会员可享受专属商品优惠。
5			企业微信直播优惠套餐	原则上每半月通过企业微信组织一次站级直播，提前预热宣传，活跃客户群。

续表

序号	位置类型	套餐类别	套餐名称	参考套餐内容
6		精准派券	智能营销优惠套餐	每周针对加油站指标变化情况进行站级分析，针对落后指标通过智能营销平台标签开展站级精准派券活动。
7			社群营销优惠套餐	与周边社区物业合作，通过楼宇广告、小区停车场升降杆广告位投放二维码领券链接，区分新老客户，新客户派发汽油券，老客户派发指定高毛利商品非油券。
8		第三方跨界合作	异业合作优惠套餐	结合周边商圈构成，与周边餐饮、商超、4S店、小区超市等商户互相提供促销资源，打造权益礼包，开展客户引流，原则上双方贡献优惠幅度保持一致。
9		增值服务	精洗服务优惠套餐	结合会员等级，细化洗车服务内容，针对黑钻会员、钻石会员开展精洗服务。
10	县城站		站级会员日优惠套餐	结合周边主要竞争对手营销策略，适时开展站级会员日活动，原则上以赠送通用"油瓜子"为主，优惠幅度控制在0.3元/升左右。
11		油非互促	消费返"油瓜子"优惠套餐	原则上以消费油品满一定金额赠送非油专属"油瓜子"为主，或者以消费非油品满一定金额赠送通用"油瓜子"为主，整体优惠幅度控制在0.1~0.3元/升。
12			非油商品储值赠券优惠套餐	原则上选取非油40%以上高毛利商品，开展储值赠"指定商品+电子卡储值"活动，储值档位设定在800元以上。
13			企业微信直播优惠套餐	原则上每月通过企业微信组织一次站级直播，提前预热宣传，活跃客户群。
14		精准派券	智能营销优惠套餐	每周针对加油站指标变化情况进行站级分析，针对落后指标加油站通过智能营销平台开展站级精准派券活动。

续表

序号	位置类型	套餐类别	套餐名称	参考套餐内容
15			社群营销优惠套餐	与周边社区物业合作，通过楼宇广告、小区停车场升降杆广告位投放二维码领券链接，区分新老客户，新客户派发汽油券，档位控制在240元左右，优惠幅度控制在5%以内，仅限电子卡移动支付核销，老客户派发指定高毛利商品非油券。
16		第三方跨界	异业合作优惠套餐	结合周边商圈构成，与周边餐饮、商超、4S店、小区超市等商户互相提供促销资源，打造权益礼包，开展客户引流，原则上双方贡献优惠幅度保持一致。
17	国省道站/高速站	油非互促	加满返"油瓜子"优惠套餐	原则上以消费油品满一定金额赠送非油专属"油瓜子"为主，油品消费档位结合站级单笔加油升数，适当提高，整体优惠幅度控制在0.2~0.3元/升。
18			非油商品储值赠券优惠套餐	原则上选取非油40%以上高毛利商品，开展储值赠"指定商品+电子卡储值"活动，储值档位设定在1000元以上。

按会员类型分：个人团购会员适用专属优惠类2种营销套餐；全生命周期会员适用专属优惠类3种营销套餐。

序号	位置类型	套餐类别	套餐名称	参考套餐内容
1	个人团购会员	专属优惠	企业专属卡优惠套餐	利用"中油好客e站"企业专属卡，"一客一策"给予专项优惠。
2			会员等级直通车优惠套餐	办理个人电子卡，结合单位规模、办理数量、月均消费，可考虑会员等级直接晋升，享受对应级别会员权益。

续表

序号	位置类型	套餐类别	套餐名称	参考套餐内容
3	全生命周期会员	专属优惠	会员拉新优惠套餐	通过社群营销、移动数据精准营销等方式获取的新客户：可派发1~2张汽油券，吸引客户到站消费，针对核券客户，引导客户办理电子卡会员，享受站级营销活动。针对"油瓜子"新客户享受拉新优惠。
4			忠诚会员优惠套餐	原则上以参加站内营销活动为主。
5			流失会员优惠套餐	通过智能营销平台筛查流失客户，派发专属汽油券。

随着大数据营销革命的推进，传统营销的被动思路明显已落伍于时代，精准营销讲求主动性，靠内容快速吸引用户下单，实现"快速爆单"。这要求商家创新经营模式，主动用数据思维来驱动精准营销。

第10章 聚沙成塔，让会员营销产生聚变效应

热点营销：在与客户产生共鸣之处寻找契合点

在营销学中，借助社会上的热点新闻和信息，找到与客户兴趣的结合点，蹭热点"快车"获得更多关注度和刷屏率。不仅仅是突发热点事件，一些节日、假期、特殊时段、季节及一些可以预测的活动、赛事等都可以形成常规热点，为营销热点提供了传播的平台。

在这方面，河北销售牢牢掌握了常规热点的特性，未雨绸缪，做好预期规划和充足准备，借助多媒体、互联网等"搭车"造势，持续扩大品牌宣传，用创意和诚意来俘获客户的心意，并取得阶段性成效。

案例

高考期间，河北销售实现网络布局覆盖县域100%设立助考点，站外开发新客户9000余人，带动汽油增量130余吨，非油增收近23万元。同时，公司还关注服务现场服务高考的民警、医护工作者以及志愿者，为他们送去福利，现场扫码可获得2张30元的"服务高考感恩券"，领券人员登记手机号，投入开奖箱，高考期间，每日17点抽取3名幸运星，赠送"一举高中"伞一把。实现参与客户2400余人，带动汽油增量40余吨。

抓热点快人一步，营销就抢先一步。2022年郑州市一场百年不遇的特大暴雨，牵动了全国人民的心，也带火了鸿星尔克。2021年亏损2.2亿，仍向河南豪捐5000万元物资，正能量满满的做法让鸿星尔克收获了网友的一致好评，并带火了一种鸿星尔克式消费——野性消费，该突发热点营销成为热搜事件。

与常规热点相比，突发热点包含范围更广，几乎可以囊括所有非常规热点之外的一切不可预料的话题和事件。河北销售以灵敏的嗅觉，利用"政府补贴"这个非常规热点，助力油品销售，取得了斐然的销售成效。

第10章 聚沙成塔，让会员营销产生聚变效应

案例 巧借政府补贴，助力纯枪增量

为贯彻落实中央关于加快形成以国内大循环为主体，国内国际双循环相互促进的新的发展格局，多措并举释放消费需求，挖掘消费潜力，河北地区各区县政府积极筹措资金，以汽车消费为主体，消费配套为衍生的刺激消费，出台了购车送油卡、加油立减等多项惠民活动，河北销售各地市公司积极与属地商务部门沟通、争取，引导政府"消费红利"向成品油零售倾斜，获得了购车补贴资金发放以及加油消费券的参与资格。

"老公，快过来，不来不知道，一来还有惊喜，现在区政府开展购车送油卡活动，你看，咱们正想换一台20万以上的车，可以补贴10000元中国石油加油卡，今天活动刚好第二天，名额还有，一会快去看看吧。"小李媳妇难掩内心的喜悦之情。

"还有这么好的事，来得好，不如来得巧啊。"小李说道。

"先生，这是区政府、中国石油、区4S店的联合活动，购车后，您就成为中国石油的VIP会员，我们为您办理专属加油卡，补贴资金就在加油卡中。"员工小张一丝不苟地说道。

受疫情影响，许多地方经济跌至"冰点"，消费券、购车补贴已成为当前政府释放消费需求、刺激居民消费的有效手段，提升社零额的同时，为企业、为客户搭建了桥梁，得到了广大人民群众的认可。

中国石油通过与属地政府积极对接，正值政府助力企业，复苏市场之际，通过开展派发消费券的形式，鼓励广大居民充分打破消费壁垒，改变消费观念，主动消费的同时，形成产业带动格局，唤醒区域经济活力，重点突出零售业消费贡献，衍生出商超、加油、购物等多种形式的消费券活动。

作为河北地区成品油主要供应企业，河北销售一直保持着与辖区政府的高度沟通和配合，积极发挥央企职责，争取到了多个地区的财政补贴资金发放资格，既是履行服务地方的一种责任，也是狠抓提量创效的一种手段。借助政府平台，实现品牌的有效宣传，引入更多的非会员客户到站加油，最终吸纳为会员。通过购车补贴活动，对补贴

第 10 章 聚沙成塔，让会员营销产生聚变效应

客户 100% 锁定，利用加油消费券，实现引客到站，并用好当前卡、券等多种营销工具，实现站外客户开发，2021 年引入政府补贴资金近 3500 万元，实现客户开发 1.5 万人，带动纯枪汽油增量近 3800 吨，毛利贡献近 300 万元，取得了较好的成效，为公司提质增效注入新的力量。

企业借势"蹭热点"，获取关注，获得消费者认可，达到品牌传播的效果。在互联网飞速发展的今天，我们可以通过多种工具去开展一系列的热点营销，使其形成一种"滚雪球"的传播效应，越滚越大，从而以最小的投入赢取最大的回报。

冰点营销：在对手不经意中寻找切入点

"君有数斗酒，我有三尺琴。"逆向思维在市场竞争中发挥着重要作用，有时候能出奇制胜。通过冷静分析竞争态势、主要竞争对手之间的优势劣势，查找竞争对手不关注的营销"冰点"，进行错位抢滩，既可以摆脱同质化的竞争手段，又可以走出一条属于企业自身的特色营销之路。比如飞鹤奶粉用"更适合中国宝宝体质"来应对强大的国际品牌竞争；百事可乐用"年轻一代的选择"来承接可口可乐的"百年传承正宗可乐"营销挑战等。

河北销售面对资源同质化、竞争多元化的市场环境，从深入研究主要竞争对手的营销策略入手，不断寻找竞争对手的营销"冰点"，发挥自身优势，从服务差异化入手，在客户服务中挖掘"冰点"营销价值。

案例 "滞销西瓜"里的营销经

2017年夏天，《今日资讯》栏目报道了威县北马庄村5000亩西瓜滞销的情况。中国石油河北邢台销售分公司马上行动，联系威县政府，采购了瓜农大批西瓜，运输至市区及重点县加油站进行发放。除在加油站消费和储值赠送西瓜外，中国石油还联合交警队、银行、大型集团等进行驻场发卡促销，只要注册"好客油油"，并充值满500元，即赠送西瓜一个。

"赠人玫瑰手有余香"，这是河北销售开展的一次特殊助农活动，不仅彰显了中国石油的社会责任，更让广大客户在享受福利的同时真正了解中国石油。

据悉，这次"助力瓜农、铸就爱心"活动持续开展一周时间，第一批购进的1万斤西瓜在两天时间内全部销售一空。活动期间，累计送出西瓜10万余斤，25座加油站惠及客户1.2万个，助力汽油销量提升347吨，新增客户0.15万个，新增储值额154万元，可谓"名利双收"。

第 10 章　聚沙成塔，让会员营销产生聚变效应

"冰点"无处不在，竞争对手不关注的地方，又有客户感兴趣的基因，都是"冰点"营销策划的切入点。

案例　"冷门知识"里有大商机

大华是河北销售的一位润滑油产品经理，他工作踏实敬业，学习能力强，专业水平高。多年来，他真心待客，服务到家，对客户的要求第一时间给予回应，不拖拉不推诿，深得客户好评。同时他用心钻研业务，大家普遍认为在客户开发中润滑油技术参数等"冷门知识"无足轻重，而他却视为珍宝，经过公司长期培训和实践操作，他已熟知掌握多种润滑油品技术指标、适用范围等参数，能够在最短时间内根据客户不同设备运行状况提出最优的润滑油匹配使用方案，诸多难题到他这里就迎刃而解。他也正是用"服务+技术"的这副好牌，在十分激烈的润滑油市场竞争中，成功"打出"属于自己的一片天地。

2021年4月，大华通过各种渠道摸排到某工程技术单位因承接国家重点搬迁项目需润滑油招标，便积极努力成功注册入围招标平台供应商。但入围厂家很多，竞争很激烈，中标压力可想而知。但"机会总是给有准备的人"，就在即将开标的前两天，项目组要求提供在不同工况运行下油品的温度、压力、酸碱等参数结合设备运转参数的对比实验，并告知这项要求非常关键而且时间紧迫，已有三家投标方均无法满足该对比实验而出局，如果我们也无法满足，则这一期的招标就要作废。大华临危受命，积极应战，他连续3天在项目现场、润滑油公司北京研发中心等地之间反复沟通、实验协调，终于在规定时间内拿出了一套在客户要求下运行不低于300摄氏度高温、不高于40%湿度、充分满足TOST时间周期10000以上的高性价比用油方案，完全满足客户各种参数要求，得到客户充分认可，并成功中标。第一期中标金额68.1万元，7月再次中标第二期项目，金额25.1万元。

同年11月，大华又了解到某节能公司因使用其他品牌润滑油，经常发生故障漏油，补油过程中遇到过混兑比例等技术问题。他积极参与，经多次拜访沟通，从润滑油性价对比入手，结合换油周期，通过对设备使用润滑油免费技术检测，制定出混兑与置换方案，提供技术保障的同时，还可以节约可观的运行成本。最终，该单位被大华的用心服务和专业知识所折服，成功签约。一次性采购润滑油 60 吨，实现销售收入近 10 万元。与此同时，该单位柴油需求每年约 300 吨，单位公务车汽油需求约 30 吨，现已达成战略合作意向，也为油卡非润一体化深度开发奠定基础。

超越别人其实也简单，多学一点，深研一点，功夫多下一点。市场无处不在，竞争对手的"冰点""冷点"，其实就是我们的机会。

痒点营销：点燃客户的潜在欲望

什么是痒点？痒点就是客户心中的"想要"，客户一看到，心里就发痒，就会产生兴趣。痒点营销就是给消费者一种在情感和心理上的满足感。痒点更多的是客户的潜在需求，能抓住一切让客户感到有意思，想要进一步了解的事物，以此为切入点，结合企业的供给和服务能力，对于推动销售是至关重要的。河北销售利用超值赠、叠加第三方权益包等方式，积极推进"痒点"营销，让"痒点"看得见、听得到、摸得着。

案例 "充吧2021，好客PLUS"

中国石油河北销售为回馈新老客户，开展"充吧2021"系列活动，采用开卡客户线上充值2021元触发电子券礼包的模式。该活动已连续开展三季，每季活动确定一个主题，在礼包配置上保持多样化，商品种类单季活动保持在4种以上，其中实物类1~2种，满减券类1~2种，第三方合作类至少1种。

这一季"充吧2021，好客PLUS"，突出"中国石油牛年终极千元大礼包"主题，礼包含168中粮礼包卡兑换券、米面油50~20元满减券、汽油复合机兑换券、机油满减券、第三方汽车美容与养护服务等，非常适合过年走亲访友赠予他人。

活动中的电子券，除中粮礼包卡之外，其他兑换券均设置了季度兑换，每个季度可兑换4张，一直锁定客户到年底，有效提升客户黏性。且每一季主题内容均不相同，可以满足客户的各种需求。

河北公司开展的第二季主题是"好客带您燕赵游"，将旅游、饮品、车辆安检三方面关联性商品相融合，锁定一家三口踏青出行需求，赠送畅游卡满减券3张、第三方提供出行汽服券一张，享受免费空调杀菌、轮胎打气、全车

第10章 聚沙成塔，让会员营销产生聚变效应

安检、折扣洗车打蜡等服务。

第三季主题是"冰爽翻倍，'暑'你实惠"，活动礼包吸引力度大幅提升，包含加油满200减20元电子券、168型中粮礼包卡1张，畅游卡698减50满减券3张、老白干纪念酒、好客之義酒368减190满减券、格桑水36减6满减券，在满足一家三口出行的需求基础上，增加了汽油满减、中粮卡体验等折扣，使顾客体验再次提升。

只要品牌与产品能够引起客户的兴趣，达到刺激客户痒点的目的，自然就能够收获营销的效果。河北销售一是通过便利店的非油商品堆头和宣传海报，刺激客户的感官，感染客户的情绪，再加上适当的营销话术引起客户的兴趣，让客户不由自主产生"我要消费"的想法和冲动。二是用优惠活动为客户的购物欲"添一把火"，因为客户的兴趣点就摆在那里，优惠力度、优质赠品和活动时限，都是从客户的利益点出发，让客户知道自己获得利益的价值，满足了客户的需求，自然而然就打开了市场。三是电子券、中粮礼包卡、满减券和一系列车辅服务，对客户具有足够的吸引力，能直接刺激到客户的痒点。活动中的电子券均设置了季度兑换，可以说是为客户创造了持久性的收益，这一黏性十足的营销助推了中国石油加油站销量的持续提升。

痛点营销：尽一切可能满足客户的迫切需要

在日常生活中，我们会遇到内心迫切想得到的产品或服务，感觉不购买这款产品或服务就会有种"痛"，会产生不买就后悔的感觉。

对于商家来说，如果能对消费者的这些痛点进行研究、发现并有效梳理，帮助客户找到或开发出这样的产品和服务，就能把客户痛点转化成卖点，创造市场，达到让顾客满意并能长期消费的目的。

这就是所谓的"痛点营销"，即通过深入了解市场不能满足但客户迫切需要的点，用心为客户创造超出期望值的服务。

案例一 挖掘用户痛点，养车渠道锁客

河北销售通过大量的异业合作项目分析，选择了 4S 店作为合作伙伴，给予新客户 300 元专属电子券优惠，同时在合作 4S 店放置办卡预约二维码，客户可网上预约办卡，公司统一办理后，一周内送到预约取卡加油站，通知客户到站领取，未预约的也可到站直接办理。

河北销售与银行、保险、4S 店、饭店、超市以互相宣传发放引流券的方式，先后开展异业合作 50 余项，其中每

第10章 聚沙成塔，让会员营销产生聚变效应

次与 4S 店合作，都能取得非常好的成绩。因为这样的合作既解决了客户的痛点，也解决了合作方 4S 店的痛点。

首先，因为二者目标市场一致、客户一致，其次是品牌形象紧密关联，最后则是合作可以使目标客群可以享受到最大化的利益。具体来讲，一方面双方均可给予各自优惠作为支撑，打造双方权益包，以较大的优惠幅度来满足客户买车要求优惠的心理预期。中国石油提供 300 元优惠券支持，用于 4S 店给购车客户发放，扩大了 4S 店给客户的优惠让利。另一方面，对中国石油来说，能够从源头锁定客户消费习惯，一般客户对新车比较在意，不敢轻易加社会油品，因此 4S 店客户的开发成功率高。

案例二　减轻用户成本，物业渠道锁客

对于有车用户来说，物业管理费和油费都是刚需且按月发生，具有契合性。物业费的提前收取和住户满意度提升对于物业管理企业来说是一个有效的提升手段，两者结合能很好地在社区这一场景里给我们带来客流量及帮助锁定顾客，成功吸引线上会员。河北销售开展此项合作，通过物业渠道实现了精准锁客。

未来，河北销售将扩大异业合作范围，利用"痛点"营销，达成合作引流共识，实现双方目标受众群体资源得到置换和共享，强化双方优势资源并打造消费者最优体验，促进双方共赢。

虽然营销的样式是千变万化、不拘一格的，但营销的核心永远是"以客户需求为中心"。无论社群营销、直播营销还是其他营销方式，都要围绕"人·车·生活"生态圈构建，调动一切可以调动的资源，探索会员营销的区间和范围，给顾客听觉、视觉、嗅觉、味觉、触觉带来选择和丰富的想象力，永远给顾客超出预期的体验和服务。

第11章

会员体系的新舞台、新方向

进入后疫情时代，零售业步入了新的发展阶段，经历着一场深刻的变革。"新零售"这一概念火遍整个销售行业。所谓新零售，就是以消费者体验为中心，以互联网为依托，运用大数据、物联网、人工智能等手段，精准获得用户数据，对企业的生产、流通与销售全过程进行升级，对线上服务、线下体验以及现代物流进行深度融合，进而重塑销售业态结构与生态圈的零售新模式。

会员体系的新舞台：新零售

进入后疫情时代，零售业步入了新的发展阶段，经历着一场深刻的变革。"新零售"这一概念火遍整个销售行业，许多专家对此提出了不同的解读，许多企业也对此进行了布局。什么是新零售？新零售相比传统零售有什么不同？新零售能带来哪些机会与挑战？

所谓新零售，就是以消费者体验为中心，以互联网为依托，运用大数据、物联网、人工智能等手段，精准获得用户数据，对企业的生产、流通与销售全过程进行升级，对线上服务、线下体验以及现代物流进行深度融合，进而重塑销售业态结构与生态圈的零售新模式。

新零售的核心模式是围绕线上购买、C2B（消费者到企业）预约购买、O2O（线上到线下）服务，以大数据为导向，通过线上支付系统和线下门店系统对接，推行会员客户运营，真正实现消费者、线上店、实体店三位一体的零售生态闭环。后来又有专家提出在正确的时间、正确的地点，有对的货在那个地方等着对的人，即"知人、知货、知时、知场"。那么，新零售到底"新"在哪里呢？

一是新的技术。随着新技术不断涌现，互联网创新又成为推动零售变革的核心力量。传统零售无法提供出色的购物体验，无法让消费者感受到良好的服务，无法降低物流成本，客户增长依赖传统手段，消费场景单一。而新零售更多运用大数据技术，辅以移动互联网、人工智能、物联网等处于前沿的技术，让消费者获得全新的消费体验。同时依靠会员体系实现全渠道打通，一站式线上线下多种销售渠道，打通微商城、公众号、小程序、APP，精准客户引流。

二是新的关系。品质化、个性化、重体验是互联网时代消费者的全新特征，相对于传统消费场景的单一买卖关系，新零售构建了一种消费者与商家全新的社群关系，这种社群关系以会员体系为核心，以互动体验为立足点，收集消费者支付偏好、消费路径、消费习惯、会员信息、储值信息等数据，利用大数据整合能力，将数据进一步分析、整理，做到运营、营销、服务体验等方面的优化升级。

三是新的场景。过去传统零售行业和品牌一直主攻线下市场，渠道成本过高，场地限制商品种类和人流范围，经营效率低下，利润低，客户行为数据稀少，精准营销空白。新零售直播电商、产业园区孵化、网红直播、数字经济、供应链升级，将线上线下进行融合，变更线上物流，联合线下门店，采用会员互动模式，实现门店发货系统全渠道订单统一收订，实现线上网店、线下门店，线上线下综合服务，实现线上订购、线下取货、虚拟购物、实体门店体验的多方位综合，最终实现了新的销售场景、新的商家与消费者关系、新的供应链流程。

移动互联网时代，以消费者为中心的会员制度、移动支付、服务等数据是新零售的核心。过去，传统营销手段创新更多是围绕渠道层面进行，而新零售更多是围绕消费者展开的，更加关注购买方便、产品丰富、场景匹配，营销创新点发生深刻的变化。新零售不仅对销售行业提出了更高的服务要求，更是倒逼营销重心从以渠道为核心逐步转向以消费者为核心，在充分强化自身品牌力发展的基础上，运用大数据构建会员体系，拓展消费场景，消费者才会愿意为之买单。

怎样做好新零售

新零售是满足消费者随时、随地、随心的购物和服务诉求，以消费者体验为核心开展业务。在移动互联网时代，做好新零售，必须围绕构建会员体系，从销售理念、运营模式、服务方法、大数据应用、供应链衔接、销售渠道创新等层面着手，做好战略思维转型和长远规划。

第11章 会员体系的新舞台、新方向

模式创新

移动互联网时代，消费者信息获取渠道更加多样化，无论是登录电商APP，还是到实体店体验，购物更习惯货比三家。如果有自提点还会就近选择提货，或者同城快递送货的形式。同时，消费者更加注重购物便捷性，自营店离消费者所在的区域越近，消费者下单的次数就越多。

新零售是零售行业新型业态，它的出现打破了以往以百货商场、超市、卖场和社区便利店为代表的传统商业模式，改变了零售企业原有运营模式，使消费者购物体验得到全新的提升。核心内涵是以人工智能、云计算数据为驱动，"实体+互联网"模式和"线上线下融合"发展模式，满足消费者"多、快、好、省"的核心诉求。比如，京东到家以小时达、分钟达为特征的即时零售，不仅单纯依靠线上的流量，而且通过对现有线下资源的整合，使得平台和线下零售商合作，已经成为零售模式创新的新风口。天猫超市2007年上线后，整合原有天猫超市业务以及阿里大生态内的大卖场、超市等，推进线上线下一体化，形成"线上天猫超市+线下超市卖场"的超市新零售模式，业务覆盖全国，商品品类涵盖食品粮油、数码电子、护肤母婴等消费者日常生活所需的方方面面，给消费者带来了方便快捷的线上超市购物体验。2021年，永辉超市在福州开设了首家仓储会员店，其最大的特点是仓储+会员，线上和线下结合，通过针对会员的量身定制的舒适购物环境，提升用户的好感度。同时，对准用户需求后尽量减少商品陈列数量，减少成本压力。到2021年底，只用了半年的时间，永辉仓储会员店在全国的数量达到53家；2022年3月，数量已经超过100家。

大数据创新

"新零售"的本质在于"互联网+"，即互联网思维、互联网技术、物联网技术与传统零售相结合，这一模式基础是建立在IT系统、大数据的基础上的。随着5G时代的到来，线上会员体系可以通过大数据、人工智能、物联网等新技术，为品牌带来巨大的流量，同时，线下实体店也可以提供线上购物无法实现的体验和价值。比如，消费者的消费记录，可以通过大数据组织起来，平台可以收集不同用户数据给予消费者精准推荐；而商家可以通过大数据系统精准消费者画像，依托消费习惯来制定各种营销策略和促销活动。同时，通过监测销存情况来调整配货计划，通过整合订单信息优化物流方案等，这些都体现了新零售的数字化转型的需求在不断增加。比如，天猫超市依托阿里巴巴的技术平台所建设的超市新零售中台，托起了整个天猫超市的业务。天猫超市包含四张大的网络：消费者运营的数字网络、一体化商品流通的网络、多时效多温层的履约网络，以及资源和IoT（物联网）的连接网络。这让天猫超市具备了消费者运营、营销服务、商品运营、供应链管理四大商业能力。

运营创新

新零售时代，围绕"线上线下融合"，零售的工作方式、营销推广都会改变。以简单的商品陈列为例，应当在满足销售场景之下提供更多个性化的消费体验，打造差异化消费服务场景，以线下店为载体，通过内容创新带给消费者更多的消费体验。以白酒销售为例，在酒业传统渠道承压、新兴渠道加速崛起的背景下，洋河酒业与万达联手成立的洋河旗下首个线下融合体验店——"解西小馆"，采取"淮扬菜+酒"的模式，面对高净值人群打出"酒馆"差异化组合拳。泸州老窖线下开设"百调酒馆"，与"解西小馆"不同，融合酒馆、咖啡馆与轻食餐厅三种消费场景，定位为打造沉浸式酒咖体验新场景，目标锚定年轻化群体，营造与众不同的饮酒氛围。同时尝试"1+N"无界零售新模式，线下以"百调酒馆+社区便利店"为载体，线上以"私域平台+外卖平台+带货直播"为驱动，既可以实现快速复制扩张，也能够灵活适应不同的消费场景需求。总之，新零售一方面在传统的销售渠道外，依托互联网技术开辟新的产品销售路径，提高企业的销售效率；另一方面，则通过新鲜的消费场景，加强与消费者的链接，进一步增强品牌力优势。

供应链创新

相对于传统零售供应链系统，新零售业态下，消费者可以依托线上网络，对100米内的便利店，1公里内的小型超市，3公里的大型超市下单购物。这些购物方式的创新打破了电商购物的物流瓶颈，使消费者购物体验变得快捷、简单、省时、省力。

随着5G技术的发展和商用步伐的加快，零售企业依托大数据科技，逐步向信息化、智能化、协同化发展。新零售供应链创新涉及数据信息共享、协同订单、物流提升、生产供应链流程再造、信息资源整合、供应链服务水平提升等各个方面。物流方面，利用大数据技术和物联网提升供应链运作效率；服务方面，提供全方位的售后服务；终端方面，通过二维码在终端实时数据更新。这些供应链创新能够更加全面了解消费者的需求，并及时做出反馈以提高消费者的满意度。

打造团队，为转型升级提供人才保障

"工欲善其事，必先利其器"，做好新零售，实现转型升级需要企业深入对客户进行专业分析，通过数据分析进行精细化营销。因此，搭建专业的运营团队显得尤为重要。

作为一个项目的运营负责人，如何搭建一支团队，是这个项目准备运营时必须要解决的问题。运营团队需要做哪些事情？需要招聘哪几类运营人才？团队搭建后，日常做哪些事情？

运营团队四大核心工作

不同类型的项目，运营工作有一定差别。以内容平台为例，一个运营团队通常要做以下几件事：

（1）分析数据和行业竞品，制定"拉新促活"的策略以及相应的市场传播计划；

（2）对接合作方开展行业合作，谈判引入内容，同时总结外部信息反馈给团队内部；

（3）策划并开展一系列的运营活动，实现提升发文量、产出特定话题内容、提升作者黏性等目标；

（4）收集用户和作者反馈，总结项目需求，协调产品研发等；

（5）制定内容/作者相应的审核推荐策略以及平台奖惩规范，优化平台内容生态。

上述工作可整理概括为4个模块：数据监控分析与策略规则制定；资源外部获取与内部反馈；用户需求总结及产品功能推动；活动策划及落地执行。与4个模块相对应的4项运营核心能力，需运营团队聚齐各方面人才、发挥专业与专项技能，促进运营团队管理能力与工作效率全面提升。

运营团队四类核心人才

营销运营需要运营团队，团队需要核心人才。找对人，才能干对事。

（1）数据策略型人才。运营团队的基础型人才之一。取数为其基础必备技能，根据市场运营及发展要求而言，需定位至运营核心，在取数基础上，深入理解项目目标及行业现状。同时提升数据分析能力，在数据分析基础上调整策略思维，根据思维调整制定平台策略，用于方案推进实施。

（2）文案策划型人才。这一点针对市场运营团队而言是核心技能。文案，是我们向用户传递信息的核心形式，触达通知、平台规则、活动招募等环节都离不开文案撰写。优秀的文案策划应在准确、清晰的基础上，定位活动关键点；丰富内容与形式，提升文案水平与质量，实现活动转化率、参与率双升的核心目标。

（3）项目统筹型人才。在大型组织里，项目统筹能力是十分重要的。具备这种能力的人能够统筹各方团队，帮助大型复杂项目和产品功能准时上线。项目统筹管理的核心是：时间管理力，即具备极强的最后期限意识，反推关键节点；目标拆解力，即将复杂工作按照模块拆解并且合理分工，最终达成目标；团队沟通协作力，即擅长与人沟通、调动人的积极性。整体来看，项目统筹管理能力是初阶运营向高阶运营成长过程中必须提升的能力。

（4）资源获取型人才。对于内容平台而言，内容资源是核心壁垒，很多团队也会专门设置商务拓展岗位。资源获取型人才，并不一定需要在行业多年积累大量资源，只要有擅长开拓和获取资源的素质，就能表现突出。有这类专长的人，通常沟通和谈判能力较强，天生会与人打交道，又对项目资源天生敏感。

提升团队素质的三个常规动作

总结过去的实践经验，一个运营团队不可能在一开始就是完美的，这4类核心的运营人才需要花费很长的时间才能逐步选配到位，因此团队的培养是日常工作中最核心的部分。这里与大家分享3个提升运营团队素质的小技巧。

（1）把项目分析列为常规工作。关注项目、关注行业、关注需求变化是运营团队的基础且关键工作。可尝试通过做好项目动态周报、重点项目常规追踪、特定项目分析、日常项目新闻转变、邀请行业人士分享等各方面的工作，来提升团队成员对于项目的重视。建议通过团队轮岗、定期交流、对接碰头会等形式促使竞品分析取得实效。

（2）让团队成员成为彼此的导师。团队是由致力于实现共同目标而相互分工协作、承担一定职责、技能互补的个体所组成的群体。团队合作要取长补短、长有所用、短有所补。团队可以增设并且用好经验交流分享，让团队成员说重点、讲要点、晒亮点，开展头脑风暴，增强互动气氛，发挥长处与经验，同时增强员工的荣誉感、团队归属感与互相协作能力。

（3）共同建立团队知识库。随着团队规模增长，信息密度会越来越大，系统化沉淀愈发重要。一方面，很多文档不归类，在之后难以查询；另一方面，借助搭建团队知识库，能够帮助领导者不断复盘团队产出，并且提升团队整体的目标感以及协同效率。团队公共文档，也是对外展示团队成绩的最好载体。

搭建一支能力全面的运营团队，运营负责人需要做的工作远不止这些。一个领导者应当意识到，个人最大的价值是为团队创造业绩。只有拥有好的团队才能不断开疆扩土，做出成绩。

河北销售数字化转型团队设置

为了有效推进数字化转型相关工作，河北销售抽调信息、零售、客户经理等岗位的业务骨干，成立了数字化转型项目部，主要负责公司的数字化转型项目建设及转型项目在零售、客户开发、第三方合作方面的应用。

一个部门既负责系统建设，又实际参与业务运行，打破了以往信息部门只负责信息系统建设，与实际业务脱节，相关系统不能有效满足业务实际需求的问题。有效解决了信息部门与业务部门之间存在的"隔空喊话"现象。

通过转型项目部的设立，构建了专业的产品经理队伍，搭建业务与技术"桥梁纽带"，将业务需求转化为技术方案，同时将技术语言翻译为业务方案，充分发挥业务场景

和技术解决方案的双轮驱动作用。

会员体系的新方向：构建全生态服务体系

新零售时代，通过整合会员体系，实施全生态、全链条、一体化服务，提升会员附加值，进一步提升用户黏性和忠诚度，是会员体系的升级方向和销售取胜的重要利器。

数据驱动，实现全渠道的会员体系

早期，很多企业为了迅速打开局面，实现多渠道获客，数据积累简单粗暴，数据孤岛现象普遍存在。以餐饮品牌为例，在美团、饿了么、微信小程序上，会员数据重合度较高，但各平台间的数据不互通，造成运营人力及成本的浪费，更不利于企业进行用户统一管理，使得重复触达用户、用户流失、营销成本高企等问题常常出现。

所以，打通线上线下全渠道，将零散在各平台的会员数据全部规整到统一后台，完成会员营销基础的准备工作，将冗杂的数据沉淀为营销根基。通过打造全域消费者会员体系，借力自动化、智能化的运营工具，搭配会员权益、会员感知升级、会员成长进度条等个性化设置，完成从会员拉新、激励、忠诚到裂变的全链路闭环，提升运营效能是会员管理系统的关键能力。假设企业能够做到全渠道交易数据打通、会员体系搭建成熟、数据分析精准清晰。那么，企业就完成了数字化到数智化的蜕变。

回归本质，为客户提供超预期的服务

会员体系为企业用户运营提供了海量数据和有力工具，会员体系的精细化运营将成为现阶段和未来盘活存量的"破局之道"。精细化运营的核心，就是回归本质，一切以客户为中心，从客户需求角度，为客户提供超预期的服务。

美国学者莱昂纳多·因基莱里和迈卡·所罗门在其所著的《超预期：智能时代提升客户黏性的服务细节》中提到，让客户满意的四要素是完美的产品、周到的服务、及时的反馈和有效的问题解决。

这个世界上虽然没有完美的产品，但企业可以通过会员体系的精细化运营，掌握客户信息，精细客户画像，根据客户的偏好、需求、性别、心理等属性，满足绝大多数客户的需求，甚至满足他们潜在的未来需求。

作为服务型企业，为客户提供无微不至的服务是让客户满意的基础。企业可以通过用户数据的变化和反馈及时完善服务内容，给客户意想不到的体验。海底捞就是为客户提供周到服务的典型，这也给海底捞带来了巨大的客流量和收益。

对客户诉求能够及时反馈并有效解决是企业服务客户的基础工作，也是企业对自身经营的进行反思和优化的良机。企业要提高倾听能力、沟通能力、洞察能力和解决问题的效率。建立顺畅的用户沟通渠道，通过倾听客户诉求、解决客户难题，让客户更加相信企业、信任品牌。

跨界整合，从"私域"到"联域"再到"生态"

会员权益是提升会员忠诚度的核心，既是会员的利益又是企业的成本。在当前竞争白热化的环境下，企业获取和维护客户的成本增高，如何在提升客户体验的同时节约成本，是企业必须面对的现实问题。因此，通过异业合作进行"报团取暖"，成为企业的必然选择。

从流量运营的角度，"私域流量"通过联合能够产生更大价值，因此"联域流量"将为联合的企业带来共享红利。实施联域运营后，不仅可以给其他联盟成员带来流量，还可以把其他联盟的流量充分转化。用户不需要在每一家餐厅都办一张会员卡，不需要每一个品牌都进一个私域群，同城异业、同业异品之间的流量共享能极大地降低流量经营成本。下一个十年，覆盖多场景、多业态的联合会员体

第 11 章 会员体系的新舞台、新方向

系将涌现。

从运营成本的角度，资源调动能力越强的企业，越能够降低自身企业的运营成本。可以通过资源共享、客户共享、费用共担，借助合作单位的营销资源，降低运营成本。

从生态打造的角度，权益互通是围绕客户需求打造生态系统的基础。例如天猫的 88VIP 会员权益。除了各业务平台直接的商品折扣，还有优酷 VIP、饿了么超级会员、飞猪环球卡、虾米超级 VIP、淘票票全国卡等，凸显了阿里企业生态系统的强大。

京东"PLUS 会员"上线了诸如爱奇艺、腾讯视频、QQ 音乐、芒果 TV、携程、喜马拉雅会员等多种联名卡，此外还有多项生活服务特权，如 Costa 天天买一赠一、海南航空无门槛代金券、万达电影 19.9 元观影、

天猫88VIP

9.9元洗车洗鞋、华住酒店88折订房等海量权益，积极向"无界会员"迈进。

全生态服务体系案例一：136站的"网红营销"

近年来，各种网红营销层出不穷。似乎只要加上"网红"二字，再经由互联网推波助澜，便能引爆大众的消费热情。在油品零售市场，能否依托会员体系，将加油站打造成"网红店"？河北销售给出了肯定的答案。

中国石油136加油站2019年以来，经过多方努力，升级改造后成为石家庄首座全新智慧加油站，是河北销售智慧升级的形象站、标杆站、旗舰站，集油、卡、非、润、气、电、汽服、快餐及华为专卖店多功能综合服务于一身。

在传统加油站的基础上，136加油站实现了多种业态有机融合与智能化管理，为"油瓜子"会员提供"智能车辆引导、多媒体统一管理、车牌支付"等服务。为更好地打造"人·车·生活"生态圈，站内还为"油瓜子"会员提供自助火车票取票、自助违章处理、自助发票打印、自助干洗等便民设施，赢得了社会各界的广泛好评。

一是开通"车牌付"功能，实现无感支付。 以往在加油高峰时间，加油站经常出现排队拥堵的现象，怎么解决这一问题？136加油站打破常规，实现"车牌付"，能快速识别车辆信息及需要的油品，整个过程仅需几秒钟。系统将通过人工智能自动识别车辆信息，并匹配车辆加油消费金额，完成无感交易。为会员在油站加油时提供免扫码、免下车、自动付的全流程智慧加油体验，简化了流程交互，解决了传统加油站排队耗时长、加油慢、效率低、现金收付风险高、高峰期间车辆排队拥堵等问题，将用车生活变得更加简单、智慧、快捷。

车牌付不仅方便了车主，还提升了会员的黏性，提高了油站的运营效率及管理水平。

二是智能引导，实现全程服务。加油站内设立了多个指示牌和智能车辆引导牌，通过电子屏幕实时显示加油位、加油枪忙闲状态，以及油品标号等信息，动态引导进站车辆；加油站还有"红绿灯"，通过灯光智能引导车辆，快速定位闲置加油机，避免了车辆排队等待付款的情况，提高了通行效率。购买商品的客户也可在自助收银台完成商品采购。在精准营销方面，136加油站利用加油机屏幕进行油非互促，通过人工智能识别算法，对进店会员行为进行识别、匹配及分析，为精准服务提供了依据。通过智慧管理，大大减少工作人员与客户之间的沟通成本，为客户提供更高效优质的服务。

三是无缝对接，打造完美体验。为了实现智慧服务无缝对接，136站实现了多项功能同步运行。充电业务。136加油站东侧，两座新能源充电桩为新能源汽车的车主提供了便捷的服务。136加油站的便利店经营着近800种商品，以进口网红商品为主。"油瓜子"会员在进行加油的同时，可以通过线上购物，工作人员根据车号识别感知会员到站，提供配送上车服务，节省车主去超市停车、排队等候结账的时间。自助终端。136加油站自助服务区对"油瓜子"会员提供处理交通违章、打印电子发票、自助取火车票、衣物干洗寄存、垃圾回收、汽车免费检测等服务。在136加油站加油的会员，可享受免费汽车检测服务。利用5分钟的时间，对车辆轮胎、机油、刹车片、雨刷片、蓄电池、灯光等进行检测，及时排除隐患保障行车安全。设置垃圾分类箱。136加油站是石家庄目前唯一设置垃圾分类箱的加油站。分类箱按照塑料、纸张、有害垃圾分类，设置了多个垃圾回收窗口，每次扔垃圾都能获得相应"油瓜子"会员积分，积分达到一定数量就可以在食品柜内兑换零食。自助衣物干洗柜。垃圾分类箱旁边是一个衣物干洗柜，只需要顺路把衣物放在柜里，几天后再顺路来取，干净的衣服就到手了。对于周边的居民来说，是一项非常实用的便民项目。

四是首家华为旗舰店入驻，领航 5G 时代。华为旗舰店正式入驻 136 加油站，这是中石油与华为首次合作的旗舰店，体验店设在加油站便利店内。华为体验店的产品种类丰富，经营产品主要分为手机和融合产品类。另外，华为体验店推出了一系列的优惠活动，除了价格优惠外，加油还能享受现金优惠。站内还提供了多种便民购物服务。华为体验店的入驻丰富了加油站的业态，给顾客提供了更加便捷的购买渠道，并享受相应的优惠政策，吸引了很多客户。在提升店内销售的同时，也巩固了顾客对加油站的信赖，提升了产品竞争力。

回顾 136 加油站创新之路，核心在于服务、融合。136 加油站敢为人先，依托"油瓜子"会员体系，进行了创新、智慧升级，进行了多业态合作的尝试。在创新的同时，又避开了盲目的业务拓展。每一项业务合作都借助成熟力量，成功率高。

谈起 136 加油站的创新，不能不说刘慧慧创新工作室。刘慧慧是 136 加油站的经理，创办了这一创新工作室，主要包括石油发展历程、创新工作室、创新成果展示、智慧加油站解析及荣誉墙五大模块。作为河北销售全员创新理念的践行者、推动者，刘慧慧创新工作室聚焦"五新五小、项目攻关、创新创效",秉承"围绕中心、服务发展;依托典型、突出创新;立足库站、示范引领"的工作原则,开展基层创新实践,形成一批"五新五小"成果,构建了发挥典型标杆示范引领作用、汇聚集体智慧推动经营管理、展示基层一线金点子、创新点的交流推广平台,为团队提升技术素养、提高创新本领、增强创效能力,为推动公司高质量发展提供创新动力。

刘慧慧开展的各种创新服务、创新管理、创新营销方式,将客户牢牢地聚集起来,使加油站从单一的油品服务,延伸到商品和汽车后服务,逐步打造"人·车·生活"驿站综合服务平台。通过"油卡非润"一体化运作,以非促油,有效提升了销售企业的综合竞争力,促进整体效益最大化,实现了油非的共同发展。

在网络推广上,136加油站同样别具一格。2019年11月,136加油站通过河北主流媒体和百万级粉丝微博大V发声造势,以车牌付、垃圾分类、华为入驻、智慧加油站、免费检车半价洗车、全国功能最全加油站等宣传主题,进行了一个多月的新闻宣传。宣传期间吸引了河北电视台、梨视频、河北网等媒体前往136加油站进行采访。截至2019年12月8日,宣传稿件中仅微博覆盖量就达1350万人次,阅读量达410万,微博文章打开量40多万。

启示和思考：136加油站以加油站为平台，借助"油瓜子"会员体系，通过融合、共享、跨界，实现"加油站+互联网+N"，全面建成"人·车·生活"生态圈，真正实现从油品销售到汽车服务，从传统加油站经营模式到全渠道资源整合，从实体营销到大数据营销的转变。同时，上下游产业链能够互惠、互利，每个人都可以成为家园生态环境的守望者，从而形成一种可信赖的、优质的、便利的生活大环境。

全生态服务体系案例二：一体化服务的故事

作为智慧加油站的"诞生地""试验田"，中国石油河北保定销售分公司依托"油瓜子"会员体系建设，认真落实发展"互联网+销售"理念，推动一体化服务落地开花。

一个客户的体验。新五洲加油站是"爱车服务站"型智慧加油站。客户王先生在加油站体验到了优质服务、优惠商品，以及会员体系大数据分析的实力。加油消费的折扣来自与商家的联合促销以及"会员日"等优惠政策，车辆保养维护的优惠得益于该站与紧邻的4S店、汽服店联合推行的"三一三联"营销模式，生活消费的实惠来自公司与商家的联盟合作政策，家庭生活品质的提升受益于公司网络商城和线下优质的服务，而客户愉悦的消费体验和感受正是他们着力营造的"人·车·生活"驿站所带来的。

一体化服务的实践。一体化服务涵盖内容很多，涉及方方面面。在具体实践过程中，保定分公司把执行到位、靠实优化作为重点。一是用产品吸引客户。保定京华货运物流公司有 105 台车，每月用油 145 吨，业务范围覆盖六个省市，他们利用"四连五省"的优势，发挥现有加油站网络的服务链作用，根据该公司的行车路线为其订制连线连片服务、专属化优惠政策，并综合信息平台增加实时路况预警、周边美食推荐、救援网络共享等亲情化、贴心化的智慧服务，努力让客户"省钱、省力、省时、省事、省心"，一举将该物流公司成功拿下。"四连五省"真正成为全行程、全方位服务客户的产品品牌。二是用渠道拓展销售。在"油瓜子"会员体系的基础上创新推行了电商分销系统，打造全员创业创效平台；分公司员工全部注册为电商分销经理，石油化工加油站的便利店主管一个月就实现网上销售收入 1.5 万元，成为当月河北公司"全员营销"冠军。他们在"社区生活站"型智慧加油站，实施"最后一公里"计划，将加油站设定为网络购物提货点，并提供送货上门服务，受到周边社区居民欢迎。三是用智慧支付争夺市场。他们加强与中国移动等企业合作，推出移动积分兑换加油，与保定移动分公司130多座网点互联互通，资源整合，让利给客户。运行两个月来，加油站交易笔数近8000笔，累计交易金额210多万元，占河北移动积分兑换加油消费额的79.5%，固定客户比例增幅15%。四是用创新思维开发客户。用服务理念引导员工，全面开发客户。客户经理李鹏飞运用"油卡非润"一体化营销策略，通过成为客户的产品质量管家、问题解决专家、专业服务行家，把长城汽车变为"星级客户"。五是用智能设备提升管理。丰富了自助加油、发卡、自助存取款、自助缴费、自助售卖机等智能终端，完善便民平台。在推广折光法、快速检测法的基础上，全面推行全"手指口述、全程视频监卸、站经理旁站监卸"三项管控措施，零售保管损耗为0.08‰，同比降幅73%。六是用特色服务实现经营突破。在京港澳高速五对服务区加油站打造"平安心驿站"智慧加油站，为途经客户提供免费WiFi、加油书吧、便民饮品、宝石花商城线上线下业务；为物流客户提供"四连五省"，获取最新配货信息等服务，打破了高速服务区加油站非油商品销售限制，形成了新的营销品牌。

什么是一体化服务。在一次客户和商家代表座谈会上，关于这个话题，长城汽车的采购经理率先发声：一体化服务是给大客户更优质的服务、高质量的油品、更多的实惠。

京华物流的代表紧跟上：一体化服务是走哪儿都能方便加油，更好地管控司机，能得到更多的货运信息。一家信息科技公司的女代表说，一体化服务就是家门口的"淘宝"、加油时的"星巴克"。商家代表更是争着发言。交通银行的客户经理说，一体化服务实际上就是交行的服务窗口，"最红星期五"现在是银行客户消费的大头，一个月就10多亿元。中国平安保险的业务代表说，一体化服务是保险公司的代办点，前段时间车险涨价，光一个月就创收20多万元。中粮集团保定分公司的负责人说，一体化服务更像销售门店，不仅有"放心厨吧"的品牌，单靠卖粮油一季度就有50多万……

启示和思考：从保定分公司的实践看，一体化服务就是一站式便民服务平台，就是企业的联盟合作平台，就是优势资源的结合，就是"油瓜子"会员体系的聚合魅力，就是让客户有卓越服务体验的"人·车·生活"驿站。

全生态服务体系案例三：3.0智慧绽放雄安

提到雄安，大家脑海中就会浮现出"智能、环保、高科技"这些关键词，的确，作为中国的"未来之城"，雄安的创造力让每个途经这里的人都忍不住想一探究竟。我

第 11 章 会员体系的新舞台、新方向

是雄安一站经理于潇,现在由我带您开启一段雄安新区3.0智慧油站的梦幻之旅。

智慧购物。说起雄安一站,头一个要为您介绍的就是我们的智慧购物。

有一天,一个辽宁牌照的汽车进站加油,司机刚下车就兴奋地跟我说:"我知道你们!你们不是智慧加油站吗?"我一愣,然后微笑着问他怎么知道的。司机激动地说:"我看腾讯新闻啦,我大老远跑过来,看看到底能刷脸不?"我微笑着回答:"您说的刷脸是我们的智能体验店。"我一边给他介绍一边带他来到无人店门前。

无人店门前的指引操作提示牌有着详细的步骤解说,简单概括为"一扫二输三自拍",即可成为"油瓜子"会员体系的会员。一扫,通过手机微信扫描二维码,加入"油瓜子"会员体系;二输,输入手机号,享受"油瓜子"会员体系的会员权益;三自拍,当然就是您自己的自拍了。简单的信息关联后产生一个进门二维码,扫描二维码并抬头面向摄像头,进口的门就自动打开了,拿起购物篮任意选购吧。选购完毕后,您已经站到了我们的自动结算区,您身上携带的商品会被自动扫描,在头顶显示屏处会显示这些商品金额,抬头"刷脸",您的钱就从微信里扣除了。

智慧引导。一出荷花店,就置身我们的最大战场——

加油区。

您来一站加油,刚入进站口就可以通过这个"闲""忙"智能引导牌,第一时间找到您想加的油品车位空闲处,让您的爱车光速进行"粮食补给"。而在您加油的同时,"油瓜子"会员体系会记录您的车牌、车辆轨迹,若您走入店内选购或结算还会对您在室内的消费情况汇总收集。等您再次光临时,一进站,我们员工手腕上的智能穿戴手表就会接收到您上次消费信息的提醒,此时的主动营销已然变成了精准营销。

智慧结算。当顾客加完油,加油机屏幕上马上就会提示您是否选择网络支付,坐在车里即可扫一扫轻松付款。另外,您也可以扫描员工智能手表上的二维码,加油员随身携带的POS机也可以扫描您的付款码。如果还想更高效,可以注册我们官方微信上的"车牌付"认证,当您加油完毕,微信上会立即收到本次加油的详细信息,自动获取"油瓜子"会员积分,手指轻轻一点,一秒付款离站!

智慧分析。加油过程的快捷高效必然会影响室内的进店率。没有必须购买的商品,就没有必须进店的理由。因此,我们精心挑选了400多种进口商品和来自全国七个地区的名优特产,遍布货架,独家销售。室内的人脸识别、客户停留热感分析、消费信息等形成强大的数据分析,让我们不断进行产品品类优化和商品陈列优化。越来越多的顾客已经不是为了加油而来，而是为了我们这些高颜值、高品质的商品。

宝石花商城还可供您网上下单，除包邮到家外还可选择到店自提。当您在商城下单的瞬间，站内的智能设备自动将您的购物信息打印出票，我们提前备货，等您一入站，我们员工的小手表就收到通知。正所谓一进油站门，信息速传真，车牌来付款，顾客车内稳，买啥莫张口，推荐稳准狠，智慧雄安站，欢迎您光临！

智慧生活。智慧油站智慧购，智慧生活也要智慧享。

我们在便利店二楼还存在着一处别有洞天——中油书店。走上书店的格言楼梯，一步一读，逼真书雕镶嵌墙面，咖啡香气氤氲暖光。经常会有家长带着小朋友过来读读书，写写字，我们也会组织一些绘画比赛、写字比赛等儿童趣味比赛。也有雄安新区的建设者们到这里谈古论今、创想未来。当然，您也可以坐下来静心品读，点一杯冬日暖心热饮，放下手机，褪去浮躁，享受慢生活。

雄安一站自开业已然成为雄安新区人民生活的重要部分，除了为车加油，同时为人"充电"，真正实现了"人·车·生活"的生态繁荣。夜间灯光长明，书店人影绰约，也成了雄安新区一道亮丽的风景线。

启示与思考：今天的旅行到这里就要结束了，不知道雄安一站加油站经理于潇作为导游的介绍您可否满意？雄安一站又给您的心里留下了什么？我们相信，雄安一站的一小步，代表了河北销售的一大步。愿河北销售用"油瓜子"会员体系带领加油站 3.0 时代强劲起航！

后　记

　　回望来时的路，坚定脚下的路，远眺未来的路，拨开云雾见天日，守得云开见月明。接到集团公司将河北销售作为销售企业数字化转型试点单位的任务后，我们倍感荣幸，但更加感受到责任的重大。集团公司选中我们来承担这样重要且具有前瞻性的工作，这既是对我们工作的信任，更是基于河北区域高度竞争的市场环境和销售企业适应未来发展所做出的战略性的安排。

　　前进的道路是曲折的。在没有承接数字化转型任务之前，我们也经常在工作的困局中徘徊。深陷在竞争激烈的市场里，深受地炼迅速崛起带来的巨大冲击，以及越来越多抢滩登陆的同行业竞争对手的压力，我们仿佛置身于浓雾中，找不到前进的方向。与社会竞争对手的巨大价差，与行业先进资产、营销能力之间的差距，与兄弟省区的差距，特别是我们在精细分类、精准触达、营销技能、服务手段、体制机制等方面存在的短板问题，更让我们在竞争中感到被动。面对不确定性，是回到惯性的思维里，找回"自我"的安全感，还是集合群智，打开思维边界，锚定发展趋向，劈开前行路上的荆棘，到未知世界里探索新机遇？

在互联网迅速发展的背景下，数据财富奔涌而出。时代的飞速发展，将传统的成品油销售行业远远抛在新兴产业的身后。看着他们远去的背影，我们也极其渴望搭上这班飞奔的高铁，来一个华丽的转型。而正是这次数字化转型试点的机遇，让我们看到了破解难题、补齐短板、突破困局的希望，看到了困难市场中闪烁在东方地平线"桅杆"上的那缕曙光。经过二十年发展的河北销售，上上下下近5000名干部员工都热切的期盼着，通过大数据转型这柄"利剑"，在完全竞争的市场中"浴火重生"。大数据点明了我们方向，更提供了施展的平台和手段。面对突如其来的机遇，我们清晰地看到线上还是线下，向左还是向右，从来都不是关键，客户在哪里出现，我们就应该去哪里，大数据的"精确制导"才是关键。

曾经我们迷失于市场，迷失于客户。人工智能驾驭的数据，正在成为推动经济增长的第五要素。对此，我们满怀激情，深入思考研究，认真悉心体会。处于完全竞争市场中的我们，需要精准连接客户，从连接中挖掘数据，从数据中发现精准的交易机会，找到并锁定属于我们的客户，用适配的服务将客户黏在一起，通过资源整合调配的权益

后　记

大餐，留住客户。

能者达人所不达，智者达人所未见，看见趋势的机会，获得自己的增长。我们决定主动拥抱改变，而不是被动接受。对于数字化会员体系的认识，对于"油瓜子"模式的建设，对于同外部企业共生共融的关系，有必要进行归纳提炼，分享给同处于完全竞争市场中或者未来将进入激烈竞争态势的伙伴们。这是撰写这本书的意义所在。

思考易，践行难。把数字化的全会员体系同传统成品油销售结合起来，形成严谨的逻辑思维、科学的实践理论、高效的工作做法，最终通过这本书展现开来，这项任务是艰巨的。本书作为对公司数字化转型的体系研究，尤其是在大数据转型下的成品油销售体系的创新和总结，工作量很大，从逻辑到案例，到归纳提炼，到逐章撰写，很多同志参与了其中。在此，特别感谢公司班子成员的支持，感谢姜明泽、徐军亮、惠水龙、李传强、刘慧慧、王金生、任擒虎、魏路洋等人的积极参与。也特别感谢集团公司党组领导的信任，感谢集团公司数信部、销售板块的领导、指导、关心支持；感谢昆仑数智的支持，与我们一道搭建起数字化转型的平台；感谢参与数字化转型、支持异业合作的社会各界朋友和合作伙伴的大力支持。

市场竞争愈演愈烈，成品油销售业务的数字化转型、智能化发展势在必行。路在脚下，相信我们很快就能主峰相见。道阻且长，行则将至，加快转型步伐迈向高质量发展，站在时代的浪潮上，终将乘风破浪，从优秀走向卓越，最终实现辉煌。